# LA
# GRAN DANZA

## LA VISIÓN CRISTIANA REVISITADA

© C. Baxter Kruger, Ph.D. 2023

La Gran Danza
ISBN: 978-1-960761-15-6
Written by C. Baxter Kruger
© C. Baxter Kruger 2023
Publicado por primera vez en 2000, republicado en 2023

## Acerca del Autor

Baxter ha estado casado con Beth durante 40 años. Tienen cuatro hijos y cuatro nietos y viven en Brandon, Mississippi. Recibió su Ph.D. en Kings College, Universidad de Aberdeen en Escocia bajo la dirección del profesor James. B. Torrence. El Dr. Kruger es autor de 9 libros, incluidos los éxitos de ventas internacionales, El Regreso a la Cabaña, Patmos, y su primer libro pequeño, La Parábola del Dios que Danza, numerosos ensayos, cientos de horas de enseñanza y una variedad de estudios en línea —todo disponible en perichoresis.org.El Dr. Kruger ha viajado por el mundo durante 30 años proclamando las buenas nuevas de nuestra inclusión en Jesús y su relación con su Padre en el Espíritu. Le gusta cocinar cangrejos de río, tallar a mano señuelos de pesca, jugar al golf y le encanta pasar tiempo con sus nietos.

Diseño de portada: Tom Collins, South Australia
Diseño y Diagramación: Karen Thompson, Western Australia
Traducción y edición al español: Marisol Barrera, Colombia

## Sobre La Portada

Los colores utilizados en la obra de arte tipifican el interior de Australia. A medida que las lluvias monzónicas inundan la tierra, los ríos se desbordan y las aguas fluyen sobre el suelo parcheado, el polvo estéril se transforma en rico lodo rojo ocre, lodo que sustenta la vida. Así, la vida compartida por el Dios uno y trino enriquece, vivifica y autentifica a la humanidad. Donde está el Espíritu del Señor, allí vemos "¡huesos secos danzando!"

## Otros Títulos Disponibles Del C. Baxter Kruger:

Conversaciones con San Juan

El regreso a La Cabaña

A través de Todos los Mundos

Jesús y la destrucción de Adán

La Parábola del Dios Danzante

Dios es para nosotros

Hogar

*El secreto*

## Una nota sobre la palabra *Pericoresis*

La aceptación genuina elimina el miedo y el escondite, y crea libertad para conocer y ser conocido. En esta libertad surge un compañerismo y un compartir tan honesto, abierto y real que las personas involucradas habitan unas en otras. Hay unión sin pérdida de identidad individual. Cuando uno llora, el otro siente el sabor a sal. Es solo en la relación Trina de Padre, Hijo y Espíritu que existe una relación personal de este orden, y la Iglesia primitiva usó la palabra "pericoresis" para describirla. La buena noticia es que Jesucristo nos ha atraído dentro de esta relación, y su plenitud y vida deben desarrollarse en cada uno de nosotros y en toda la creación.

For more information on Baxter Kruger or Perichoresis, visite nuestro sitio web
www.perichoresis.org

A Beth,
en cuyos ojos siempre he
visto La Gran Danza.

# Contenido

# Prólogo

Algunas iglesias están despertando a la realidad de que tienen miembros de larga data, tal vez incluso líderes, que nunca han experimentado que Dios sea personalmente relevante. Dios ha parecido un nombre para ser observado, no un amigo para ser amado. *La Gran Danza* aborda este problema de frente. Dios no es un "espantapájaros en un huerto de melones". Tampoco es como El Grinch, a quien le resultaba natural estropear todas las festividades navideñas. Más bien Dios es, en la inimitable y alegre presentación de Baxter Kruger, "el Dios de la gran danza". Porque el Dr. Kruger nos da una visión de la vida cristiana que es poderosa, atractiva, hospitalaria, íntima y tan relevante y personal para los deseos del corazón humano con sus anhelos eternos.

Lo que hace que este libro sea tan emocionante y esperanzador para el lector es su toque de verdad en la propia transformación del espíritu del autor. Porque fue como estudiante de teología que el autor se enfrentó personalmente con las implicaciones de la Trinidad, un Dios infinitamente relacional, íntimamente personal y, en Jesucristo, también profundamente humano. Lo que hacemos de la doctrina de la Trinidad revela más de nosotros mismos que lo que Dios realmente es en su ser inefable. Así que cuando Immanuel Kant, un filósofo de la Ilustración, pensó que la doctrina de la Trinidad era incomprensible y de hecho innecesaria para la vida de la iglesia, estableció una moda religiosa que todavía sufrimos hoy. Es como si Dios estuviera por encima de la pantalla del radar de los asuntos humanos ordinarios, como una deidad filosófica griega, totalmente indiferente a ti ya mí. Es este "eclipse de la Trinidad" lo que este libro rechaza con tanta fuerza. Porque tiene todas las características del ateísmo, no tanto la negación de la existencia divina como la irrelevancia de Dios en los asuntos humanos.

Entonces, si la renovación de la teología trinitaria nos está despertando a la relevancia de Dios en la vida cotidiana, también nos está despertando a la necesidad de cultivar la "inteligencia emocional" sobre nosotros mismos. La alegría y el dolor, la risa y la ira, la amistad y la soledad, son reales y expresivos de nuestra vida cotidiana. Sin embargo, si queremos profundizar nuestra autocomprensión, enriquecer la confianza y la fe, dar más "sentido" a la vida y así cultivar una existencia significativa, debemos comprender la participación de Dios en ellos. A medida que reconocemos a Dios en todas nuestras emociones, todas nuestras alegrías y dolores, nuestra identidad se fortalece y se asegura "en Cristo". Porque estamos unidos en el círculo de la vida, compartido eternamente por el Padre, el Hijo y el Espíritu.

Así, Baxter Kruger vuelve a introducir la "teología" en lo que él llama "la visión cristiana revisada". De hecho, podemos realmente cuestionar si la "teología" pertenece a la academia como se supone tradicionalmente; más bien, es "el camino de la vida" para el cristiano. Por eso es apropiado utilizar un lenguaje sencillo, ilustraciones sencillas, historias personales y anécdotas animadas para invitar al lector a unirse y compartir "la gran danza de la vida", tal como se expresa en el trino Dios de la gracia. Sin embargo, también hay un lugar para la erudición cuidadosa, la lectura amplia y, sobre todo, la experiencia profunda del carácter relacional de Dios como Padre, Hijo y Espíritu Santo. Para aquellos de nosotros que anticipamos una renovada "reforma relacional" del cristianismo, este libro es un placer de leer, un desafío para vivir y una dirección clara a través del desorden de la condición humana. Afirma la verdad de la promesa de Cristo: "He venido para que tengáis vida, y la tengáis en abundancia".

James M. Houston
*Profesor de Teología Espiritual*
Colegio Regente
Vancouver

# Prefacio

Hay dos cosas que he sabido desde que tengo memoria. La primera es que hay un río invisible que fluye a través de este fenómeno que llamamos "vida". Es un río de gloria y de abundante plenitud, de pasión y de bondad, de belleza y de alegría. A medida que lo he pensado a lo largo de los años, he llegado a pensar en el río más como un baile, un gran baile, que de alguna manera se comparte con nosotros y llena nuestras vidas y todas las cosas, y que al mismo tiempo, es permanentemente distorsionada. Lo segundo que siempre he sabido es que esta gran danza está relacionada con Dios. Pero por mi vida, nunca pude entender cómo esto podría ser así. "Dios", para mí, era un omni-ser abstracto y austero en algún lugar allá arriba en el cielo, o peor aún, era un legalista que solo se preocupaba por Sus reglas. Así que la pregunta central de mi vida ha sido la relación entre Dios y la gran danza. ¿Como están relacionados? ¿Cuál es la conexión entre Dios, la gran danza y nuestra humanidad? Al fin y al cabo, se trata de una pregunta sobre la vida humana y el misterio de su intersección con la vida de Dios.

Este libro es una especie de informe sobre lo que he descubierto y redescubierto. Porque en mi viaje, he vuelto a visitar las verdades centrales del cristianismo, la Trinidad y la encarnación, y redescubrí el rostro y el corazón de Dios. La gran danza tiene que ver con la vida abundante, el compañerismo y la unión, el amor, la pasión y el gozo, compartidos por el Padre, el Hijo y el Espíritu. La encarnación es el acto asombroso de este Dios extendiéndose para compartir su gran danza con nosotros. Nuestra humanidad es el teatro en ya través del cual se desarrolla la gran danza de nuestras vidas, y la historia humana es la experiencia desgarradora a través de la cual somos educados en cuanto a la verdad de nuestra identidad.

Los primeros cuatro capítulos de este libro se entregaron originalmente como conferencias en la 2ª Conferencia Anual de Perichoresis, en la Iglesia Unida del Valle de Coromandel en Adelaida, Australia. He añadido un quinto capítulo para completar la imagen. Estoy muy agradecido con Jim y Linda Chaousis, y con Bruce y Sarah Wauchope, por su desbordante hospitalidad en Adelaida y por las horas y horas de conversación encantadora y estimulante que compartimos con ellos. Pero más que eso, estoy agradecido por la luz en sus ojos y el hambre en sus corazones, y por su entusiasmo por compartir y aprender. Gran parte de este libro le debe mucho a Jim y Bruce. También debo expresar mi gratitud a Deane Metheringham, pastor de la Iglesia "Coro", por su voluntad de darle a Perichoresis un lugar para tener sus conferencias. Pero decirlo así es casi un insulto, ya que Deane es un hombre apasionado por la verdad y su comunicación. Nos abrió su corazón y sus instalaciones con gran entusiasmo, y puso en marcha nuestras conferencias con su pasión. Gracias, Deane, por ser quién eres.

Durante los últimos cinco años he sido director de Perichoresis, Inc., en Jackson, Mississippi. Nuestra misión es elaborar una teología cristiana fresca, clara y vivible que sea fiel a las doctrinas cardinales de la Trinidad y la encarnación, y que sea más real, práctica y accesible para la persona promedio. Deseo expresar mi admiración por los hombres y mujeres que forman el compañerismo de nuestro ministerio. Sin ellos y su compañerismo, aliento y compromiso, este libro, y todos los demás, nunca se habrían escrito. Ha sido una aflicción gloriosa para todos nosotros. Gracias por el regalo del tiempo y el llamado a seguir adelante que viene de sus corazones.

Ningún hombre es una isla, y ciertamente nadie tiene pensamientos originales, porque todos los pensamientos, incluso los de Dios, surgen de la comunión y deben su existencia a la camaradería de los demás. Este libro se ha estado gestando durante años, y cada pensamiento se ha reflejado en el largo y maravilloso diálogo que he compartido con David Upshaw. Le debo más de lo que puedo decir a David, y con David, a Cary Stockett, Mark Simpson, Dan Wills y Clay Alexander, quienes integran nuestro grupo de discusión de los jueves. Las percepciones, la risa y el compañerismo fluido, el celo por la verdad y, no menos importante, el coraje de estos hombres para pensar, me han inspirado y exigido lo mejor de mí.

Es un regalo especial tener un editor que entiende tu corazón y te ayuda a decir lo que quieres decir, y lo hace con gracia, estilo y claridad. Todo lo bueno de este libro, su legibilidad y sencillez, su ritmo y poesía, se debe al cuidado de Patty Causey. Gracias, Patty, por tu tiempo y tu corazón, por preocuparte como lo haces y por tu paciencia y gentil corrección.

Si eres un hombre, como dijo Kipling, cuando puedes mantener la cabeza mientras todo alrededor está perdiendo la suya y te culpas a ti mismo, entonces eres una esposa porque eres la presencia que consuela en las grandes tormentas, eres el viento debajo de las alas de tu marido, y la alegría de su corazón. A Beth, mi esposa durante 18 años, le dedico este libro con puro respeto y gratitud.

C. Baxter Kruger — Pascua de Resurrección, 2000

## Capítulo 1

# Rasgando el Velo:

## *La Trinidad y la Lógica del Universo*

*Toda danza, o drama, o patrón de esta vida Tri-Personal
debe ser representado en cada uno de nosotros.*

— C. S. Lewis[1]

Uno de los grandes momentos del siglo pasado sucedió cuando un niño llamado C. S. Lewis se paró junto a un arbusto de grosellas en flor frente a su casa en Irlanda.[2] Mientras estaba allí, nos dice Lewis, su mente retrocedió unos años a otra mañana cuando su hermano, Warren, le mostró su jardín de juguete. El jardín de juegos de Warren no era mucho más que una lata de galletas llena de hojas, palos y musgo, nada extraordinario. Y recordarlo, mientras estaba parado junto a ese arbusto, no fue nada extraordinario. Pero de alguna manera, en la mezcla del momento, sucedió algo extraordinario. Un sentimiento que Lewis nunca había conocido le atravesó el corazón. Fue una sensación del tipo más profundo, más de un encuentro, y lo dejó sin aliento

---

1  C. S. Lewis, *Mero Cristianismo* (New York: Collier Books, Macmillan Publishing Company, 1960) pág. 153.
2 Véase su biografía, *Sorprendido por el Gozo* (New York: Harcourt Brace & Company), pág. 16.

y anhelando. A través de un recuerdo de un momento ordinario de un juego infantil, Lewis encontró algo que era más grande que la vida, algo más grande y más hermoso que todo lo que había conocido. No tenía idea de qué era, ni de dónde venía, ni por qué sucedió, pero sabía que era lo mejor de todo. Y sabía que fuera lo que fuera, quería beber hasta saciarse.

En momentos clave de su vida temprana, Lewis tuvo experiencias similares. Siempre fueron poderosas, pero fugaces. Y siempre despertaron un anhelo inconsolable en la médula de su alma. Lewis estaba siendo cortejado por lo que eventualmente llamó "gozo". Lo perseguía y, como Salomón, revisó cada hoja de su universo para encontrarlo. A medida que pasaban los años, su búsqueda de la alegría se convirtió en la única búsqueda que importaba. En su búsqueda, Lewis finalmente tropezó con Dios y se sorprendió mucho al descubrir que el gozo y Dios estaban conectados. Él dice que nunca había tenido ni una pista de que había una relación entre Dios y el gozo.[3] Nunca se le había ocurrido.

El "gozo", para Lewis, no debe equipararse con "felicidad". La diferencia entre los dos es similar a la que existe entre una comida de cinco platos en un gran restaurante francés y un trozo de chocolate. Pero dicho esto, el deleite de una gran comida tampoco dura mucho, y el "gozo" se trata tanto del deleite como de su presencia constante. — y quizás aún más importante, el "gozo" se trata de ese deleite y presencia constante que llena nuestras vidas y todas las cosas. Lo que Lewis buscaba no era un momento o dos de buenos sentimientos. Él buscaba un bautismo total en belleza, gloria y deleite, un bautismo que fluiría por todos los rincones y

---

3 Véase *Sorprendido por el Gozo,* pág. 230

16

grietas de su humanidad.

Lo que me fascina de Lewis es su *sorpresa* al descubrir que el gozo y Dios van de la mano. Lewis creció en el Oeste cristiano, en Irlanda e Inglaterra.

Creció en la Iglesia, al menos hasta que tuvo la edad    suficiente para tomar sus propias decisiones.

¿Cómo puede ser que nunca se le pasó por la cabeza que el "gozo" pudiera estar relacionado con Dios? ¿Qué se le ha dicho al mundo occidental acerca de Dios para que un hombre tan inmerso en su tradición cristiana, un hombre con tanta inteligencia y amplitud de lectura, un hombre con la mejor educación que ese mundo tiene para ofrecer, pueda asombrarse al descubrir que su búsqueda de la *vida* fue respondida en Dios?

El mundo occidental ha recorrido un largo camino desde los días de Martín Lutero y la gran Reforma. Con Lutero tenemos a un hombre completamente acribillado por la culpa y el miedo, un hombre que busca desesperadamente el perdón.— hasta el punto de arrastrarse por los escalones sobre sus manos y rodillas en su búsqueda de un Dios misericordioso. Con Lewis tenemos a un hombre que busca la *vida*, no el perdón. Los dos están relacionados, por supuesto, pero son distintos. Y la diferencia entre la búsqueda del perdón y la búsqueda de la vida en toda su plenitud es la diferencia entre 1500 y 2000 DC. Pero esa es solo una diferencia. Lutero sabía que la respuesta estaba en Dios. ¡Ese hecho nunca pasó por la mente de Lewis!

La conmoción de Lewis al descubrir que la *vida* que buscaba estaba conectada con Dios nos dice mucho — no sobre Lewis o Dios *per se*, sino sobre la forma en que Dios ha llegado a ser percibido en el mundo occidental. La búsqueda de Lewis y su sorpresa nos permiten mirar dentro del alma corporativa del mundo occidental. Porque Lewis no es un extraño para nosotros. Su viaje no es ajeno. El mismo anhelo de alegría que lo perseguía, nos persigue a nosotros. Y el mismo velo que lo cegó a él, nos ciega a nosotros. La sorpresa de Lewis nos está diciendo que algo ha ido terriblemente mal, que ha habido una ruptura fundamental en nuestro pensamiento acerca de Dios. En algún punto del camino nos hemos confundido seriamente con el "asunto de Dios", y esa confusión nos ha dejado en una situación muy extraña. Estamos en la cacería de la *vida*, sin duda, por la plenitud, el significado y la alegría, y estamos impulsados por la misma pasión que Lutero y Lewis, pero estamos llamando a las puertas equivocadas. Sin Dios nunca encontraremos nuestro valor y, por lo tanto, la vida que estamos buscando. Pero la forma en que ha sido retratado en el mundo occidental nos impide siquiera sospechar que Dios podría ser la respuesta a la pasión de nuestros corazones. La búsqueda de la vida nos impulsa, pero estamos condenados a no encontrar nunca la respuesta y, por lo tanto, condenados a vivir con una punzante sensación de pérdida, con ansiedad, frenesí y silenciosa desesperación, condenados a vivir en el aburrimiento de estar vivos. Porque, como el primer Lewis, hemos descartado el "asunto de Dios" por ser irrelevante para nuestro anhelo de vida. Después de todo, ¿qué tiene que ver la "religión" con la *vida*?

Este libro surge de mi propia búsqueda de la vida y de mi viaje a través de la confusión de regreso al Dios real y, por lo tanto, de la lucha con lo que le ha sucedido a nuestro pensamiento y cómo nos hemos desviado tanto. Mi objetivo aquí no es argumentar. Mi objetivo es rasgar el velo para que podamos ver la pura belleza de Dios, y en tal luz ver lo que este Dios ha planeado para nosotros y logrado en Jesucristo. Todo esto es con la esperanza de que podamos vernos a nosotros mismos en una luz asombrosa, que podamos descubrir nuestra verdadera identidad, quiénes somos en realidad, y así comprender lo que está sucediendo en nuestras vidas y cómo avanzar hacia el gozo.

## El Enigma de mi Vida

No tuve una poderosa revelación de "gozo" como la tuvo Lewis. Por lo que puedo recordar, no hubo encuentros especiales o momentos extraordinarios de comprensión en mi primera infancia. Para mí, simplemente había una conciencia permanente e indiscutible de que algo vasto, profundo, antiguo y hermoso se está moviendo a través de las escenas de la vida humana. Para mí era un hecho que los seres humanos somos parte de algo magnífico, que hay una especie de río invisible que atraviesa nuestras vidas, que somos parte de una gran danza. No sé cómo llegué a este conocimiento. Siempre estuvo ahí. Nunca se me ocurrió cuestionarlo. Hacerlo hubiera sido una violación de algo más real para mí que mi propia existencia.

También era un hecho que, fuera lo que fuera este río, esta gran danza, la pasión de mi corazón era estar en medio de ella. Es difícil imaginar una persona en el planeta que no quiera lo mismo. De una forma u otra, ¿no estamos todos tras el gran baile? ¿No es esa la historia de nuestras vidas, nuestro anhelo más profundo? En mi opinión, la pasión central del corazón humano es llenarse con la gran danza, y el enigma principal y enloquecedor de la vida humana es comprender qué es la danza y cómo vivir en ella.

La otra parte de la ecuación de mi viaje es que crecí en la Iglesia, y cuando digo "en la iglesia", lo digo en serio. Si se abrían las puertas de la iglesia, allí estaba mi familia; siempre estábamos allí: el domingo por la mañana, el domingo por la noche, el grupo de jóvenes, la reunión de oración del miércoles por la noche. Incluso íbamos a la iglesia cuando estábamos de vacaciones. Creo que terminé con algo así como un pin de escuela dominical de asistencia perfecta de 13 años. A decir verdad, realmente no me importaba toda esa iglesia. La mayoría de los jóvenes encuentran la iglesia innatamente aburrida, pero para mí, aunque el servicio era ciertamente estéril, las clases de la Escuela Dominical eran estimulantes, especialmente la de Guy Magee, que siempre estuvo llena de historia. Y los sermones también eran casi siempre atractivos. En pocas palabras, la Iglesia Presbiteriana de mi juventud me dio un regalo definitivo y duradero, por el cual siempre estaré agradecido. Me enseñó que lo que buscaba estaba directamente relacionado con Dios

Ese hecho está bellamente consagrado en la primera pregunta y respuesta del Catecismo Menor: "¿Cuál es el fin principal del hombre? El fin principal del hombre es glorificar a Dios y disfrutar de él para siempre".[4] Entonces, a diferencia de Lewis, sabía que lo que estaba buscando estaba relacionado con Dios. Sabía que el río invisible que se movía por la vida, la gran danza, era una realidad divina. Mi problema era que nunca podía conectar los puntos. Nunca pude ver cómo estaban relacionados.

---

4 De "El Catecismo Menor" en *La Constitución de la Iglesia Presbiteriana* (EE. UU.): *Parte 1: El Libro de Confesiones* (Louisville: La oficina de la Asamblea General, 1991), 7.001-010. Tenga en cuenta que a George MacDonald le encantó esta primera pregunta, pero pensó que el catecismo era un desastre después de eso. Uno de sus personajes, Alec Forbes, lo expresó de esta manera: "Por mi parte, desearía que los ingenieros espirituales que lo construyeron [el catecismo más breve], después de colocar la piedra fundamental más grandiosa que la verdad podría haberles brindado, hubieran glorificado a Dios al sin ir más lejos. Ciertamente, muchos hombres lo habrían disfrutado antes, si no hubiera sido por su trabajo". Citado por Michael R. Phillips en su excelente biografía, *George MacDonald* (Minneapolis, Bethany House Publishers, 1987), p. 82.

Si bien la Iglesia me dio una ventaja inicial, también creó un problema que complicó el acertijo. El problema no era tanto la Iglesia misma, y ciertamente no el pueblo, sino la teología que transmitía, y específicamente su visión básica de Dios. Aquí está la definición de Dios presentada en el Catecismo Mayor

P. 7. ¿Qué es Dios?

R. Dios es un Espíritu, en y por sí mismo infinito en ser, gloria, bienaventuranza y perfección; todo suficiente, eterno, inmutable, incomprensible, presente en todas partes, todopoderoso; conocedor de todas las cosas, sapientísimo, santísimo, justo, misericordioso y clemente, paciente y abundante en bondad y verdad.[5]

Es este Dios, esta divinidad severamente abstracta, la que creó el dilema para mí. Por un lado, sabía del río, la alegría, la gran danza. Por otro lado, sabía que estaba relacionado con Dios. Pero la pregunta desconcertante era: ¿Cómo podía ser esto? ¿Cómo podría esta divinidad abstracta, este omni-ser infinito, distante y austero, estar conectado a la gran danza de alguna manera? Este Dios ciertamente tenía el control, absolutamente, hasta la última molécula, pero este Dios no tenía rostro, ni personalidad real, ni *vida*. ¿Cómo se podría relacionar "glorificar a Dios" con el "disfrute" de algo? Ese fue el enigma de mi juventud y de mi vida.

Otros dos hechos profundizaron el enigma. El primero era la naturaleza del culto del domingo por la mañana. Siempre supuse que el umbral de la iglesia estaba cargado con algún

---

5 "El Catecismo Mayor" en *La Constitución de la Iglesia Presbiteriana* (EE. UU.): *Parte 1: El Libro de Confesiones* (Louisville: The Office of the General Assembly, 1991), 7.117.

tipo de poder místico de transformación, porque todos los que lo cruzaban cambiaban decisivamente. Nuestras personalidades eran alteradas. Afuera había sonrisas, alegría y humanidad. Pero una vez que cruzamos el umbral, cada uno de nosotros pasó al piloto automático religioso. Era muy notable incluso para un niño pequeño. El umbral podría silenciar a los más bulliciosos y, supongo, incluso "borrarle la sonrisa a una zarigüeya".

El segundo factor vino de los tipos religiosos altamente comprometidos. Naturalmente, asumí que estos tipos caminaban más cerca de Dios que el resto de nosotros. Ciertamente parecían hacerlo. Por lo que pude ver, eran buenas personas y honorables, pero eran tan interesantes como un poste de cerca. Los tipos religiosos altamente comprometidos siempre me parecieron un poco nerds y muy metidos en la religión porque no podían hacer otra cosa. Y la fuerza del umbral obviamente estaba con ellos. Su sola presencia podía cambiar a las personas. Su presencia podía apagar la risa y sofocar la mejor de las fiestas. Cualesquiera que fueran los tipos religiosos altamente comprometidos, estaba muy claro para mí que no tenían mucho de ese río invisible a su alrededor. Ciertamente sabían mucho sobre la Biblia y hablaban con frecuencia sobre Dios, pero no sabían mucho sobre la gran danza y cómo vivir en ella.

El Dios de mi juventud era el ser supremo, todopoderoso, sin rostro ni personalidad. Con periodicidad semanal, el umbral confirmó esta visión básica de Dios cuando todos dejamos nuestras personalidades en la puerta y entramos para adorarlo. Los tipos religiosos altamente comprometidos confirmaron lo lejos que estaba Dios de la vida diaria común y corriente y de todas las cosas humanas, así como la sospecha de que si Dios estaba sintonizado con la vida en la tierra, se trataba de reglas y regulaciones y de hacerlo bien. Así que el gran enigma para mí era cómo se podía relacionar a este Dios con la gran danza de la vida. Como Lewis, nunca pude conectar a Dios y la alegría, Dios y la belleza, Dios y la vida. No tenía ningún sentido para mí hablar de disfrutar nada y glorificar a Dios. Pero sabía de alguna manera que tenía que ser así, aunque no podía verlo. No pude conectar los puntos. Todo lo que pude pensar fue: "Si dedicas tu vida a 'las cosas de Dios', terminarás perdiendo la gloria y el baile por completo". La única forma en que podía verlo era que el disfrute de la vida, la pasión y la aventura de vivir, y todo lo que hace que la vida sea buena, estaban de un lado, y estas "cosas de Dios" estaban del otro. Era una proposición de uno u otro, por lo que pude ver. O Dios o la vida, o Dios o la alegría, o Dios o la danza. Ponerlos juntos no tenía absolutamente ningún sentido para mí. Eran extremos opuestos del poste.

Dentro de mí había una gran tensión. No iba a renunciar a encontrar la gran danza de la vida. Era demasiado precioso, demasiado bueno, demasiado real. Tampoco podía abandonar la idea de que de alguna manera estaba relacionado con Dios.

Me horrorizaba pensar en ser teólogo. No estaba dispuesto a pasarme la vida leyendo manuales religiosos de seguros, aislado del béisbol, de la risa y de las protuberancias de los cangrejos. Lo único peor sería ser predicador. Pero sabía que la respuesta estaba en Dios. Así que me fui al seminario pensando que por fin lo arreglaría todo. No fui porque fui llamado a predicar. No quería ser parte de eso, y aun así patear contra esos aguijones. Fui porque tenía un nudo en el estómago y estaba impulsado a encontrar una solución. Y obtuve algunas grandes piezas del rompecabezas en el seminario, pero no la respuesta. La conexión aún me eludía. Todavía me parecía que si haces "las cosas de Dios", entonces renuncias a la vida, al río y al gran baile.

Lo siguiente que supe fue que mi esposa y yo estábamos en Escocia, muriéndonos de frío, y yo estaba estudiando teología con el profesor James Torrance en el Kings College de Aberdeen. Había más luz en sus conferencias de lo que imaginaba posible. En todas sus conferencias volvió a la relación Padre-Hijo. "El corazón del Nuevo Testamento", decía, "es la relación entre el Padre y el Hijo"[6] Una y otra vez repetía el punto y lo ampliaba, ayudándonos a ver que todo fluye de esta relación central. Este énfasis se repitió en los poderosos escritos del profesor T. F. Torrance, el hermano mayor de James, que yo estudiaba a diario.

## Conectando los Puntos

Bajo los hermanos Torrance y los escritos de Atanasio y otros, mi noción básica de Dios se estaba convirtiendo. Se estaba pasando de lo abstracto a lo concreto, de lo austero a lo personal. Y en medio de esa transición intelectual, sucedió algo muy poderoso que trajo la verdad acerca de Dios a mi corazón. Ocurrió el 16 de agosto de 1987, a la 1:07 p. m., domingo por la tarde, en el Hospital de Maternidad de Aberdeen, Aberdeen, Escocia. Fue el momento más grande de mi vida, hasta ese momento: el nacimiento de nuestro primogénito, un hijo, James Edward Baxter Kruger. Había sido un trabajo de parto muy, muy largo (al menos 30 horas), pero ahora Beth y yo sosteníamos a nuestro bebé y lloramos juntos en la alegría de todo. Nunca había experimentado algo así. Las

---

6  Véase James B. Torrance, *Adoración, Comunidad y el Dios Triuno de la Gracia* (Downers Grove: IVP, 1996).

enfermeras finalmente me sacaron y me sacaron corriendo para que Beth pudiera descansar. Conduje de vuelta a casa desde Aberdeen a Banchory a través de las colinas escocesas.

Recuerdo haber notado que era un día excepcionalmente hermoso, sin una nube en el cielo, sin lluvia, sin oscuridad, nada más que puro sol, y casi cálido. Recuerdo pasar por una rotonda y mirar hacia las colinas y el sol, y por un segundo juro que toda la tierra se detuvo y se regocijó conmigo. Juro que las montañas cantaron. Era material bíblico, los árboles aplaudieron de alegría. Vi la belleza de todo, la gloria y la alegría y la gran danza de la *vida*, como nunca antes la había visto. La experimenté, la probé, fui bautizado en ella.

Y allí y entonces, en ese momento, de repente me di cuenta del problema de mi vida. Todo el tiempo había estado pensando en Dios de manera equivocada. Todo el tiempo había juzgado mal el ser mismo de Dios. Yo había sido un idiota ciego. Dios no es una abstracción todopoderosa y sin rostro. Dios es Padre, Hijo y Espíritu, existiendo en una comunión apasionada y gozosa. La Trinidad no son tres tipos religiosos altamente comprometidos sentados alrededor de una habitación en el cielo. La Trinidad es un círculo de vida compartida, y la vida compartida es plena, no vacía, abundante, rica y hermosa, no solitaria, triste y aburrida. El río comienza allí mismo, en la comunión de la Trinidad. La gran danza tiene que ver con la vida abundante compartida por el Padre, el Hijo y el Espíritu.

En un instante, todos los puntos estaban conectados para mí. La lógica del universo encajó en su lugar: la lógica de la creación y de la venida de Jesús, la lógica de tu vida y la mía, de los bebés y el béisbol, del trabajo y la pesca, del romance y el sexo, la lógica de la carpintería y el manejo de un presupuesto y llevar provisiones, de risas y compañerismo, de historia humana, de *vida*: Todo se unió. Y vi que todo comienza con la Trinidad y la gran danza de la *vida* compartida por el Padre, el Hijo y el Espíritu. Esa es la rima, la razón y el misterio de todo.

La visión fue tan abrumadora que casi choco con el auto y tuve que detenerme al costado del camino. Intenté escribirlo todo, pero era demasiado. Era demasiado hermoso, demasiado rico. Era demasiado abrumador, demasiado claro, demasiado simple. Pero a partir de ese momento me convertí en un verdadero teólogo, un teólogo cristiano, un teólogo trinitario, decidido a comprender y desentrañar lo que había visto y lo que sabía que era el corazón de todo.

Todo se reduce a tres cosas: Primero, está la Trinidad y la gran danza de vida y gloria y alegría compartida por el Padre, el Hijo y el Espíritu; segundo, está la encarnación como el acto del Padre, el Hijo y el Espíritu descendiendo, extendiendo el círculo, su gran danza de vida, hacia nosotros; tercero, está nuestra humanidad, que es el teatro en el que se representa la gran danza a través del Espíritu. De eso se trata la maternidad y la paternidad. De eso se trata la pesca, el béisbol y el juego, y la risa y el romance, las comidas al aire libre y el trabajo. Son las formas mismas en que se manifiesta en nosotros la belleza del Padre, del Hijo y del Espíritu, la gran danza del Dios Triuno, la gloria, la comunión, la vida.

## La Lógica de Dios

Dios no es como esa abstracción divina, ese omni-ser sin rostro, sin nombre, austero del Catecismo. No es un soberano aislado, un rey egocéntrico que exige que todo gire en torno a él y se haga para su gloria. Dios no es un legalista, un tenedor de libros divino, que nos observa como un halcón para ver si cumplimos sus pequeñas reglas, ni es un viejo tipo religioso aburrido, un aguafiestas cósmico que se sienta en el cielo pensando en maneras de sofocar todo lo que es bueno. Por otro lado, Dios tampoco es como un tonto Papá Noel que reparte golosinas sin tener en cuenta lo que somos capaces de recibir y disfrutar. La verdad es que Dios es un círculo de pasión, vida y compañerismo.

La Trinidad es la doctrina más hermosa de la fe cristiana. Pero ha sido desastrosamente descuidada y olvidada, y cuando se habla de ella, la discusión está dominada por esos tipos filosóficos que quedan atrapados en los tecnicismos y se pierden el punto principal y hermoso de todo.

Lo que la doctrina de la Trinidad nos está diciendo es que Dios es fundamentalmente un ser relacional. Cuando recitamos el Credo de Nicea o el Credo de los Apóstoles y afirmamos que Jesucristo es el Hijo eterno de Dios, estamos diciendo que nunca ha habido un momento en toda la eternidad en que Dios estuvo solo. Estamos diciendo que Dios siempre ha sido Padre, Hijo y Espíritu. Estamos diciendo que nunca hubo un tiempo en que el Padre no fuera Padre, cuando el Hijo y el Espíritu no estuvieran allí y solo existiera Dios, por así decirlo, solo una divinidad abstracta. Dios siempre ha existido en relación.

El compañerismo, la camaradería, la unión, la comunión siempre han estado en el centro del ser mismo de Dios, y siempre lo estarán. Es fundamental que veamos esto. Y es igualmente crítico que veamos que la vida compartida del Padre, el Hijo y el Espíritu no es una vida de dolor, soledad y vacío. No se trata de aislamiento o egocentrismo. Se trata de compañerismo. Y la comunión significa que Dios no es un ser solitario, triste y deprimido. Como Padre, Hijo y Espíritu, viviendo en comunión, Dios es esencial y eternamente muy feliz. El Padre, el Hijo y el Espíritu viven en conversación, en un compañerismo que fluye libremente, comparten y disfrutan: una gran danza de vida compartida que es plena, rica y apasionada, creativa, buena y hermosa.

## La Lógica de la Creación

Ahora bien, ¿por qué este Dios, este Padre, Hijo y Espíritu, crea el universo? ¿Por qué este Padre, Hijo y Espíritu crea a los seres humanos, a ti, a mí, a nuestros hijos? ¿Por qué este Padre, Hijo y Espíritu crea los animales, las aves, los peces y las flores, y los millones de cosas hermosas que nos rodean? ¿Por qué este Dios crea el trabajo y el juego y las relaciones, el romance y el sexo, los deportes y la risa y la comida? ¿Cuál es la rima y la razón detrás de todas estas cosas?

Cuando comienzas con la Trinidad, es la cosa más obvia del mundo. Este Padre, Hijo y Espíritu crean para compartir lo que tienen con nosotros. La meta de la Trinidad es la inclusión. El propósito del Padre, el Hijo y el Espíritu en la creación es atraernos dentro del círculo de su vida compartida para que nosotros también podamos experimentarla con ellos.

La Iglesia primitiva entendió esto, y su comprensión se refleja en la oración inicial del Credo de Nicea. "Creemos en un solo Dios, Padre todopoderoso, creador del cielo y de la tierra". El Credo no dice: Creemos en un solo *Dios*, hacedor del Cielo y de la Tierra, sino que dice, "Dios, *Padre* todopoderoso, creador del cielo y de la Tierra". Esto es muy deliberado por parte de los autores. Estaban colocando la creación en el contexto de la Paternidad de Dios, y eso significa en el contexto de la relación del Padre, el Hijo y el Espíritu. Al hacerlo, estaban orientando el pensamiento de la Iglesia. Estaban diciendo que si queremos entender quiénes somos y por qué estamos aquí, entonces la forma de hacerlo es comenzar no con una divinidad abstracta, sino con la relación del Padre, el Hijo y el Espíritu. Es esta relación la que guarda el secreto del "por qué" de la creación, el "por qué" de tu vida y la mía, el "por qué" de los bebés y el béisbol y todas las cosas humanas. La gran danza de la vida compartida por el Padre, el Hijo y el Espíritu es el vientre de la creación.

Cuando comenzamos con la Trinidad, comienza a surgir el propósito de Dios en la creación. La naturaleza misma de la existencia de Dios como Padre, Hijo y Espíritu es comunión y vida compartida. Cada pensamiento de este Dios, cada idea, sueño y acto, nace de esta comunión y lleva su sello. La idea de la creación no surge en un vacío de divino aburrimiento, soledad o tristeza. La idea de la creación brota de la vida gloriosa compartida por el Padre, el Hijo y el Espíritu. Si este Dios va a crear algo, entonces es bastante "natural", por así decirlo, hacerlo con el propósito de compartir la vida. Y ese es exactamente el punto. El Padre, el Hijo y el Espíritu crearon al género humano para que lo que tienen juntos pueda ser compartido con nosotros, para que su gran danza de vida se extienda a nosotros y se represente en nuestras vidas.

No es casualidad que cuando el apóstol Pablo estaba lidiando con el propósito eterno de Dios para la humanidad, escogió la palabra "adopción" para describirlo.[7] La idea básica de la adopción

---

7 Véase Efesios 1:3-5.

es incluir. Significa que quien es extranjero, fuera del círculo familiar, es atraído, en gracia y amor, dentro del círculo familiar. Y el propósito de ese acto de adopción es que el forastero pueda participar en la vida de la familia. Todo el alucinante acto de creación está impulsado por el deseo de compartir la gran danza con nosotros.

Dado mi encuentro con los tipos religiosos altamente comprometidos, me he esforzado por no instruir demasiado a mis hijos en asuntos religiosos. Pero hay una cosa que les pregunto rutinariamente: "¿Qué hace Jesús con la alegría que comparte con su Padre y Espíritu?" Me deleita mucho cuando nuestra niña más pequeña, Kathryn, responde esa pregunta: "Él la pone en nuestros corazones", dice, "para que podamos compartirla".

Esa es la lógica de la creación. Primero, está la Trinidad y la vida Triuna, la comunión y el gozo y la gloria del Padre, del Hijo y del Espíritu, la gran danza. En segundo lugar, este Dios llama al universo, la tierra y la humanidad, y todas las cosas a la existencia. Y el gracioso y asombroso propósito de esta actividad creativa es extendernos la danza. El Padre, el Hijo y el Espíritu nos crearon para que pudiéramos participar en su vida juntos, para que pudiéramos compartir su conocimiento, su risa y su compañerismo, sus ideas, su creatividad y su música, su alegría, su intimidad y su bondad, para que todo ello pudiera desarrollarse en nosotros y en nuestras vidas ordinarias.

## La Lógica de la Venida de Cristo: La Encarnación

Para que este sueño de la Trinidad de extendernos la danza de la vida se haga realidad, tienen que suceder dos cosas. La primera es la creación misma, porque si no existimos, no podemos participar de la vida trinitaria. La segunda es la encarnación, porque al menos uno de la Trinidad tiene que entrar en la creación y convertirse en lo que somos para que su vida pueda estar a nuestro nivel y alcanzarnos. La vida Triuna tiene que ser puesta a tierra, por así decir, humanizada. Ese es el último punto impulsor de la encarnación. Con este fin, el Hijo de Dios se hizo hombre. Como dijo San Ireneo, nuestro bendito Señor Jesucristo "se hizo lo que somos para llevarnos a ser lo que él es en sí mismo".[8] El Hijo amado salió de la eternidad a la historia para ser el punto de encuentro, el punto de unión, la conexión entre la Trinidad, por un lado, y la humanidad por el otro. El Hijo se hizo humano para ser el lugar donde la vida de la Trinidad se cruza y desemboca en la existencia humana, y la existencia humana se incorpora a la vida de la Trinidad, ahora y para siempre. Jesús vino para ser el mediador, aquel en quien lo divino y lo humano se encuentran y comparten la vida.

Eso es lo que hizo en su vida encarnada, muerte, resurrección y ascensión. Forjó una conexión entre la Trinidad y nosotros (tú y yo) y el resto de la raza humana. Produjo una unión entre la existencia divina y la humana. Abrió la gran danza y nos atrajo dentro de ella.

---

8  San Ireneo, *Contra las herejías*, libro V, prefacio, en *Los Padres Antenicenos*, vol. 1: *Los Padres Apostólicos con Justino Mártir e Ireneo*, ed. por Alexander Roberts y James Donaldson (Grand Rapids: Wm. B. Eerdmans Pub. Co., reimpreso en 1987). Nótese también la famosa declaración de San Atanasio: "Porque Él se hizo hombre para que nosotros fuésemos hechos Dios", *Sobre la Encarnación del Verbo (San. Atanasio: Obras escogidas y Cartas, Vol. IV los Padres Nicenos y Post Nicenos de la Iglesia cristiana*, segunda serie, editada por Philip Schaff y Henry Wace [Grand Rapids: Eerdmans Publishing Company, reimpresión 1987]), 54.3. Nótese también su comentario: "Porque ese fue el mismo propósito y fin de la Encarnación de nuestro Señor, que Él debe unir lo que es hombre por naturaleza a Aquel que es por naturaleza Dios, para que el hombre pueda disfrutar Su salvación y Su unión con Dios sin ninguna miedo a su fracaso o disminución, *Las oraciones de San Atanasio contra los Arrianos* (Londres: Griffith, Farran, Okeden & Welsh), II.70.22.

La muerte de Cristo se entiende correctamente dentro de este propósito general de la Trinidad de atraernos dentro del círculo de su vida. Si perdemos este panorama general, entonces la lógica de la muerte de Cristo se vuelve muy confusa, y un falso temor de Dios desciende a las almas de millones. La lógica de la encarnación y muerte de Jesús reside en la pasión decidida de la Trinidad por compartir su vida, su gloria, su gran danza con nosotros, y no sólo con nosotros, sino con toda la creación. Porque el sueño es que toda la tierra esté viva con la gloria de Dios, llena de la gran danza del Padre, del Hijo y del Espíritu.

## La Lógica de los Bebés, el Beisbol y las Cosas Humanas

Vivimos del otro lado de la encarnación. El Hijo de Dios ya ha pasado de la eternidad a la historia. Ya se hizo hombre, vivió y murió, resucitó y ascendió al Padre. Repasamos este evento. Entonces, la gran pregunta para nosotros es esta: ¿Se cumplió el propósito de la Trinidad en Jesucristo? ¿Realizó Él esta unión, esta conexión entre la vida divina y nuestras vidas? ¿Nos atrajo dentro del círculo de la danza trinitaria? Esta pregunta es la cuestión decisiva del nuevo milenio. ¿Jesucristo unió a la Trinidad con la raza humana, o no? La forma en que responda a esta pregunta determina todo lo demás que se dirá. La respuesta del mismo Jesús es su grito desde la cruz: "Consumado es". [9]

Y el hecho de que esté terminado solo puede significar que a la raza humana se le ha dado un regalo asombroso. La obra consumada de Jesús significa que la abundante filantropía del Dios Triuno ya se ha apoderado de nosotros y de nuestra existencia

---

9 Véase Juan 19:30 y 17:4.

humana. Jesús ya nos ha unido a la vida trinitaria de Dios. Y eso significa que nuestra inclusión en la gran danza de la vida compartida por el Padre, el Hijo y el Espíritu no es ahora una meta a alcanzar, un sueño para nosotros algún día más tarde cuando finalmente tengamos nuestra religión correcta. Significa que están sucediendo muchas más cosas en nuestras vidas en este momento de lo que nunca soñamos. En verdad, no hay nada ordinario en nosotros o en nuestras vidas.

Jesucristo fue enviado para encontrarnos y llevarnos a casa. Y él hizo exactamente eso. Nos atrajo dentro del círculo. A partir de aquí debemos aprender a pensar en quiénes somos, no en lo que podemos ser algún día. Aquí en Jesucristo debemos repensar todo lo que creíamos saber sobre nosotros mismos y los demás, porque Él lo ha hecho. Él nos ha dado un lugar en la gran danza. Esto no es algo que hagamos realidad. Es la verdad. Jesús es la luz del mundo. Él es el secreto, la llave que abre el misterio de los bebés y el béisbol, de la pesca y las parrilladas del romance y el amor. Él es la luz que ilumina los misterios de nuestra humanidad, desde preparar la cena y administrar una ferretería y pintar casas hasta la amistad, la risa y la música. Es toda la forma en que se está representando en nosotros la danza de la Trinidad.

Cuando ves la Trinidad y la encarnación por lo que son, estás preparado para verte a ti mismo y a tu vida bajo una nueva luz, la luz verdadera. Estás preparado para ver que no hay nada ordinario en ti y en tu vida. Tú y tu vida son la expresión viva de la gloria, el gozo, la belleza y el amor, la gran danza, del Padre, del Hijo y del Espíritu.

## Una Palabra Sobre Por Qué
## Simplemente No Lo Entendemos

Clasificar los porqués y los para qué de cómo perdimos esta magnífica visión y terminamos donde estamos hoy con un cristianismo tan aburrido e irrelevante es otro asunto. Es tan complicado como clasificar una discusión familiar, e involucra toda la historia del mundo occidental: la historia y el desarrollo de la teología cristiana, de la filosofía y la ciencia, el sistema feudal medieval, la Reforma, la Ilustración y cualquier otro número de importantes influencias culturales y eventos históricos. La mayoría de nosotros no entendemos a nuestras esposas o esposos, y mucho menos el panorama general de la historia occidental.

Pero a otro nivel, no es tan complicado. Lo que nos pasó a nosotros, lo que le pasó a la Iglesia, es que perdimos el sentido de Jesús. En la mezcla y el fluir de la historia occidental, la encarnación se eclipsó y Jesús se hizo cada vez más y más pequeño, hasta el punto de que el Jesús que tenemos hoy en nuestras manos en el mundo occidental es un peso ligero cósmico. Puede llevarnos a un lugar vago llamado cielo cuando morimos, pero guarda un extraño silencio sobre el significado de la vida humana aquí y ahora. El Jesús moderno guarda un extraño silencio sobre el significado de la maternidad y la paternidad, sobre los bebés y el béisbol, las comidas al aire libre y las risas, sobre el romance y la creatividad, sobre cómo administrar una ferretería y ser conserje, sobre la pesca y la jardinería, la música y las artes. El Jesús moderno puede hacer que te perdonen tus pecados, sacarte del infierno y llevarte al cielo, pero no tiene mucho que decirte sobre el misterio de tu vida hoy, sobre tu humanidad, tus amores y pasiones y alegrías, cargas y lágrimas.

No hace mucho tuve un carpintero trabajando en mi casa. Él era cristiano y le pregunté si alguna vez pensó en cómo Jesucristo se relaciona con su carpintería. Él dijo: "No, en realidad no. Supongo que Jesús me convierte en un carpintero honesto". En el momento en que dijo eso, pensé para mí mismo, ¿Eso es todo? ¿Es eso todo lo que tenemos que decir a los carpinteros del mundo, los ingenieros, los diseñadores, los artistas? ¿Eso es todo lo que tenemos que decirles a los médicos, enfermeras y maestros del mundo, a los cocineros, pescadores y conserjes? ¿Jesús te hará honesto? ¿Él puede salvarte y llevarte al cielo cuando mueras, y mientras tanto te hará honesto? ¿Es la honestidad el alcance de la relación entre Jesucristo y los seres humanos? ¿Es la influencia de Jesucristo sobre los seres humanos y lo que hacen, día tras día con sus vidas, reducible a mera moralidad? ¿Eso es todo lo que tenemos que decir?

El eclipse de la encarnación ha significado la reducción de Jesucristo. Lo ha reducido a ser poco más que un espectador que observa a la raza humana desde la distancia. Y el "Jesús espectador" ha dejado a los seres humanos pensando en sí mismos como "simplemente humanos" y pensando en sus vidas como "ordinarias". La carpintería es, por lo tanto, únicamente un esfuerzo humano, solo otra actividad humana sin Cristo. El lugar de Jesucristo en todo el esquema de las cosas se reduce a promover la honestidad entre el gremio de carpinteros.[10] Cada uno a su manera ha contribuido al eclipse de la encarnación, a la reducción

---

10 Para más estudios sobre este problema, véase William C. Placher, *La domesticación de la trascendencia* (Louisville: Westminster John Knox Press, 1996) y El libro fascinante, aunque embriagador, de Michael J. Buckley, *En los Orígenes del Ateísmo Moderno* (New Haven: Yale University Press, 1987).

de Jesús, a la reducción de Jesucristo a un mero espectador en el universo.

Pero hay otro factor, que es, para mí, el más profundo. Y ese es el cambio en nuestra comprensión de lo que es fundamental acerca de Dios. La Iglesia primitiva vio que lo fundamental de Dios era la Trinidad. Pero en el desarrollo de la teología occidental, la santidad de Dios fue sustituida por la Trinidad como la verdad fundamental acerca de Dios.[11] En verdad, fue una visión falsa de la santidad de Dios la que fue sustituida. Pues la santidad de Dios, bien entendida, es sencillamente hermosa. Si tomáramos el gozo, la plenitud y el amor del Padre, del Hijo y del Espíritu, su deleite y pasión mutuos, la absoluta unidad de su relación, su intimidad, armonía y totalidad, y los reuniésemos todos en una sola palabra, sería "santidad." La santidad de Dios es una de las palabras especiales que tenemos para describir la maravilla y la belleza, la singularidad, la salud y la rectitud de la vida trinitaria. Pero en la tradición occidental, la santidad de Dios se desprendió de la Trinidad y se reconcibe dentro del mundo de la ley un orden, crimen y castigo, una justicia ciega y fría. Reconcebida dentro de este mundo de acero inoxidable de ley pura, "santidad" pasó a significar "perfección legal" o "rectitud moral". Esta noción de santidad fue luego retomada en la doctrina de Dios y sustituida por la Trinidad como la verdad más profunda acerca de Dios, la fuerza impulsora de la existencia divina.

Cuando eso sucedió, cambió toda la lógica del universo, y con ello la lógica de la creación, la lógica de la encarnación y la muerte

---

11 Tenga en cuenta que en la definición de Dios citada anteriormente del Catecismo Menor, la Trinidad no se menciona en absoluto. En la siguiente pregunta, el catecismo trae a la Trinidad al cuadro, como para corregirse a sí mismo, pero eso plantea la pregunta obvia: ¿Por qué se omite por completo a la Trinidad de la primera y más fundamental definición de Dios?

de Cristo, la lógica de la existencia humana y la del Espíritu Santo. Todo se torció, sesgó, terriblemente confuso.

El evangelio en el modelo occidental comienza con la declaración de que Dios es santo (santo en el sentido legal). La raza humana cayó en pecado y está sujeta al castigo. Jesucristo, en este contexto, viene a satisfacer la santidad y la justicia de Dios. En la cruz, la culpa de la raza humana se coloca sobre Jesucristo, y el castigo de Dios por el pecado se derrama sobre él. La justicia de Dios está satisfecha y somos perdonados, es decir, hechos legalmente limpios.

En este paquete típico del evangelio occidental, varias cosas han ido desastrosamente mal. En primer lugar, se ha perdido la imagen general. Atrás quedó la gran danza de la Trinidad y la asombrosa visión del Padre, el Hijo y el Espíritu extendiéndose para compartir su vida y gloria con nosotros. En su lugar, tenemos un legalista divino que está extremadamente molesto por el fracaso y el pecado humanos, y tenemos a Jesús que viene a rescatarnos. No hay forma de escapar de la noción devastadora implícita aquí de que Jesús viene a rescatarnos de Dios. La muerte de Jesucristo ahora está dirigida a Dios en lugar de a la corrupción y alienación humanas. Jesús viene a hacerle algo a Dios, a satisfacer sus legalidades de guante blanco, incluso a cambiar a Dios para que podamos ser perdonados.

Segundo, la cruz ha reemplazado repentinamente a Jesús mismo como el punto de significado eterno. En lo que decía antes, Jesús es el lugar donde se juntan lo divino y lo humano. Él es el lugar donde se encuentran y se unen. Se hizo humano para poder conectarnos y así mediarnos su vida divina. A través de toda la eternidad, esa es la forma en que funcionará. Participaremos en la gran danza a través de Jesús. Por los siglos de los siglos, él será el punto de encuentro, la unión entre la vida de la Trinidad y nosotros. Así Jesucristo, no la cruz, es y será siempre el centro del universo y de todas las cosas. Pero ahora el punto ha cambiado, de modo que la cruz es de suma importancia. Lo que es crítico, en el modelo occidental, es que Jesús sufrió el castigo legal que iba a caer sobre nosotros. Una vez pasado el sufrimiento, Jesús mismo deja de tener valor real y práctico. Su trabajo está hecho. Ya no es necesario en el arreglo legal entre Dios y la humanidad. Habiendo solucionado el problema legal entre Dios y los seres humanos, él, en esencia, se retira y les permite continuar con sus asuntos. En el mejor de los casos, Jesús sigue siendo importante como el brillante ejemplo religioso que debemos seguir o como el que sacude la rama de hisopo en el cielo de vez en cuando para recordarle a Dios su sacrificio. Este cambio de la centralidad de Jesucristo a la centralidad de la cruz es el gran pecado de la Iglesia Occidental y el mayor de todos los desastres.

Tercero, se enfatiza demasiado la justificación hasta el punto de reemplazar la adopción como el corazón del mensaje cristiano. El evangelio aquí se trata de ser perdonado. Es cierto, por supuesto, que el perdón es parte del mensaje, gracias a Dios, porque todos tenemos necesidad de perdón. Pero no es toda la verdad. Ni siquiera es la parte principal de la historia. El perdón sirve a una meta superior, y esa meta superior es nuestra inclusión en la vida de la Trinidad: eso es lo que Dios busca al enviar a Jesús. Pero en el modelo occidental, el objetivo superior se olvida virtualmente. La justificación ha dominado tanto el paisaje del pensamiento cristiano que la adopción ha sido marginada. No escuchamos mucho sobre nuestra adopción en absoluto. Escuchamos mucho sobre el perdón, pero muy poco sobre la asombrosa realidad de nuestra inclusión en la relación de Jesús con su Padre en el Espíritu.

Cuarto, el énfasis excesivo en la justificación y el silencio virtual sobre nuestra adopción nos dejan en la oscuridad sobre nuestra verdadera identidad y el secreto mismo de nuestra existencia. Jesús, según el modelo occidental, vino a arreglar el problema legal. El enfoque está en su sufrimiento en la cruz. Cuando la gente habla de Cristo como el Mediador, quiere decir que él se interpone entre un Dios enojado y el pueblo pecador y arregla el lío legal. Atrás quedó la visión de que él es el punto de unión entre la vida divina y la humana. Se ha ido la visión de que él es la conexión entre la Trinidad y la existencia humana y que él es el mediador de la vida Triuna de Dios para nosotros.

En el modelo occidental, una vez que se soluciona el asunto del pecado, Jesús vuelve al cielo y se convierte en un espectador, observándonos desde la distancia. La unión, la conexión que Jesús forjó entre la Trinidad y los seres humanos, se eclipsa. Y el eclipse de esa conexión entre nosotros y la vida Triuna no nos deja más opción que vernos a nosotros mismos como "simplemente humanos". Por defecto, por lo que nunca se ve y nunca se dice, se nos deja asumir que nuestra existencia humana es simplemente humana, secular. No hay Trinidad en él, ni vida divina, ni danza divina. Es simplemente humano. Nuestras vidas y la totalidad de nuestra existencia humana caen bajo el título de "ordinario". Nuestra maternidad y paternidad, nuestro amor y cariño, nuestro trabajo, nuestra carpintería, nuestro juego y jardinería, nuestro béisbol y comidas al aire libre y risas, nuestras amistades y alegrías, nuestra creatividad y romance quedan fuera de la vida trinitaria de Dios. Son meramente humanos. Ni siquiera sospechamos la verdad.

En resumidas cuentas, nos quedamos sin idea acerca de la asombrosa realidad que se ha apoderado de la existencia humana en Jesucristo. Un gran velo cubre nuestros ojos y no podemos ver. No tenemos idea de quiénes somos. En la oscuridad sobre nuestra verdadera identidad y, por lo tanto, el significado de nuestra existencia humana, nos hemos lanzado a una búsqueda desesperada para encontrar una nueva. Y ahí es donde estamos hoy: 20 siglos después de la era cristiana, una profunda crisis de identidad se ha hinchado dentro de nuestra alma corporativa y nos está volviendo locos. Somos, como Chaucer lo describió una vez, como un hombre borracho que sabe que tiene una casa, pero no puede encontrar el camino a casa.[12] La ironía de todas las ironías es que el mundo occidental está clamando por un significado espiritual y la Iglesia no tiene ninguno para dárselo. Su Jesús es demasiado pequeño.

La verdad es que este mundo pertenece a la Santísima Trinidad y está impregnado de la gran danza de la vida compartida por el Padre, el Hijo y el Espíritu. Usted y su vida han sido superados por la abundante filantropía del Dios Triuno. Has sido incluido en el gran baile. Esa es tu identidad, quién eres y de qué se trata tu vida. De eso se trata tu maternidad y tu paternidad. De eso se trata tu jardinería, tus comidas al aire libre, tu carpintería, tu trabajo, tu amor y tus amistades. Son las formas en que la gran danza de la Trinidad se está representando en ti.

---

12 Véase Geoffrey Chaucer, "El Cuento del Caballero," en *Los Cuentos de Canterbury* (New York: Washington Square Press, edición 21, 1975), pág. 25.

## Capítulo 2

# La Danza Extendida:

### Por qué Jesús Vino
### Y Qué Logró

*El propósito principal de la encarnación... es elevarnos a una vida de comunión, de participación en la Vida Triuna de Dios* — James B. Torrance[13]

*Porque ese fue el propósito y el fin mismo de la Encarnación de Nuestro Señor, que Él debía unir lo que es el hombre por naturaleza a Aquel que es por naturaleza Dios.* — San Atanasio[14]

Juan comienza su evangelio con una aclaración de los primeros versículos de la Biblia. Génesis 1:1 dice: "En el principio creó Dios los cielos y la tierra". Para Juan eso es evidentemente cierto, pero no lo suficientemente cierto. Juan ve más claramente que cualquier escritor bíblico que el Dios que creó en el principio no

---

13  James B. Torrance, *Adoración, Comunidad y El Dios Triuno de la Gracia* (Downers Grove: IVP, 1996), pág. 21.
14  St. Athanasius "Contra los Arrianos" en *San Atanasio: Obras y Letras Selectas*, Vol. IV de *Los Padres Nicenos y Post Nicenos de la Iglesia Cristiana*, segunda serie, editado por Philip Schaff y Henry Wace (Grand Rapids: Eerdmans Publishing Company, reimpreso 1987), II.70.

era simplemente "Dios", no ese omni-ser abstracto, austero y sin rostro, sino el Padre, Hijo y Espíritu.

Y Juan ve que tanto la creación como la venida de Jesucristo fluyen directamente de la vida trinitaria. La razón de la creación, el fin y propósito de la creación, de vuestra existencia y la mía, está en la gran danza de la vida compartida por el Padre, el Hijo y el Espíritu. El propósito de este Dios al crear el mundo es extender la gran danza a otros. Esa es la lógica del universo: la eterna Palabra de Dios.

Si este sueño del Padre, del Hijo y del Espíritu ha de llegar a una realización plena y permanente, es necesario que al menos uno de la Trinidad entre en nuestro mundo y se convierta en lo que somos. Porque sólo de esta manera la vida Trina puede realmente alcanzarnos. Cualquier cosa menos nos dejaría con algo así como un dirigible en el cielo: cerca, visible, pero en última instancia por encima de nosotros, fuera de nuestro alcance. La lógica de la venida de Jesús comienza con la gran danza de la vida compartida por el Padre, el Hijo y el Espíritu y con su asombrosa decisión y determinación de compartir esa danza con nosotros.

Con este fin, el Hijo de Dios salió de la eternidad y se hizo hombre, un niño nacido de la Virgen María. Con la mayor de todas las humildades, entró en nuestro mundo y se convirtió en lo que somos. En primera instancia, debemos ver la venida del Hijo de Dios como el acto del Padre, del Hijo y del Espíritu que pone a tierra su comunión, su gran danza de vida compartida.

## La Encarnación De La Danza Trinitaria

Anteriormente escribí sobre la transición por la que pasé en mi comprensión de Dios. Pasé de pensar en Dios como solo

Dios, una especie de omnipotencia desnuda y abstracta sin rostro real, a la visión cristiana de Dios como Padre, Hijo y Espíritu viviendo en una comunión de alegría, pasión, creatividad y amor. De la misma manera, debemos hacer una transición en nuestro pensamiento sobre la encarnación.

La Iglesia, en sus mejores días, luchó con uñas y dientes para aferrarse a la encarnación. La Iglesia primitiva entendió que todo dependía de ella. Si Jesucristo no es completamente divino, Dios de Dios como dice el credo, entonces lo que nos ha dado es menos que la plenitud y la vida de Dios. Comprendieron esto y lucharon por la plena divinidad de Cristo. Hicieron lo mismo por toda su humanidad. Porque la lógica es cierta en el otro lado. Si es Dios de Dios, pero no se ha convertido en un verdadero ser humano, entonces puede tener la vida divina, pero no *nos* alcanza. Volvemos al dirigible en el cielo.

Junto a estos dos énfasis, hay un tercero, y es tan crítico como los dos primeros. De hecho, si pasa por alto el tercer punto, toda esta charla sobre la divinidad total y la humanidad total de Jesús se pierde en abstracciones y nunca tiene ningún sentido real. La encarnación significa que Dios de Dios se hizo hombre real, hueso de nuestros huesos y carne de nuestra carne. Pero no fue un Dios cualquiera el que se hizo humano. Fue el *Hijo* de Dios. No fue ese omni poder abstracto, sin rostro, el que se hizo humano, fue el Hijo amado del Padre, el que vive en la comunión del Espíritu con el Padre, el que conoce al Padre y lo ama y comparte la danza de vida.

Permítanme poner el punto en forma de pregunta: ¿Renunció el Hijo de Dios a su Padre cuando se hizo humano? ¿Se salió del círculo de vida que comparte con el Padre y el Espíritu? ¿Se extinguió el baile en Navidad? ¿Se rompió repentinamente la comunión del Padre y el Hijo en el Espíritu y se perdió en alguna parte del proceso? Por supuesto no. Por encima y más allá de todas las cosas, la encarnación no significa simplemente la venida de Dios o algún tipo de vida divina genérica. La encarnación significa la venida de la eterna *relación trinitaria* de Padre, Hijo y Espíritu. En Jesucristo, no solo la vida divina, sino la gran danza de la Trinidad, el gozo, la plenitud y la gloria del Padre, el Hijo y el Espíritu, su vida, comunión y compañerismo, entró en nuestro mundo y se estableció[15]. Esa es la verdad simple y asombrosa de ello.

En primer lugar, la vida de Jesucristo debe entenderse como la vivencia, la encarnación, no sólo de una vida divina, sino de la vida trinitaria misma dentro de la existencia humana. Lo que sucede en Jesucristo es que la gran danza de la Trinidad se pone a tierra y se vive como una realidad divino-humana.

Si comienzas con una santidad legal como la verdad fundamental acerca de Dios, entonces, cuando vienes a Jesús, tienes tanta prisa por llegar a la cruz para resolver el problema del pecado que pasas volando por la encarnación. Cuando comienzas con la santidad legal, solo tienes ojos para la cruz, y nunca ves que en Jesucristo, nada menos que la vida trinitaria eterna de Padre, Hijo y Espíritu se está viviendo dentro de la existencia humana. Realmente nunca entiendes el asombroso significado de la encarnación. Y nunca ves el significado igualmente asombroso de la ascensión. La cruz, en el modelo legal, asoma tan grande en el horizonte que la encarnación, resurrección y ascensión de Jesús quedan eclipsadas. ¿Sabes lo que significa la ascensión? ¿Alguna vez has

---

15 Véase Colosenses 1:19 y 2:9ss

escuchado un sermón o una serie de sermones sobre la ascensión? La ascensión significa que la encarnación no ha terminado. La ascensión significa que ahora y siempre el Hijo continúa viviendo su filiación como ser humano.

Cuando el Hijo se hizo humano, no fue como si se pusiera una túnica que luego se quitaría. Él es ahora y para siempre uno de nosotros, hueso de nuestros huesos y carne de nuestra carne, hombre, un ser humano. Como señala Trevor Hart, la encarnación no fue un "episodio temporal en la vida de Dios"[16], sino una realidad permanente para la Trinidad.

Sentado ahora y para siempre a la diestra del Padre, dentro del círculo como participante pleno en la danza, está el Hijo de Dios plenamente divino como *hombre*. La puesta a tierra de la vida trinitaria, la encarnación de la danza de la Trinidad, no fue una fase pasajera. Lo que el Hijo de Dios *llegó a ser* no ha terminado ni concluido. La encarnación no fue un momento en el pasado. Cuando el Hijo de Dios se hizo humano, se hizo humano y *lo será* por toda la eternidad. La danza de la vida Triuna ya no es sólo una danza divina. Es ahora y siempre una danza divino-humana. Cuando el Padre llama al Hijo ahora, habla en un lenguaje humano, y lo hará por toda la eternidad. ¿Por qué? Porque detrás del universo no hay una divinidad austera, egocéntrica y abstracta, sino el Padre, el Hijo y el Espíritu y su eterna comunión juntos. Y porque este Dios Uno y Trino, en gracia asombrosa, ha determinado no atesorar la gran danza, sino compartirla con nosotros. Esa determinación se tradujo en encarnación y ascensión, en vivir esa relación trinitaria dentro de

16 Trevor Hart, "La humanidad en Cristo y Cristo en la humanidad: La salvación como participación en nuestro sustituto en la teología de Juan Calvino" (*Periódico Escosés de Teología vol. 42*), pág. 72.

la existencia humana, ahora y siempre, para que la danza pudiera llegar hasta nosotros.

## La Encarnación de la Danza Dentro de la Caída

Pero aquí solo estamos arañando la superficie del significado de la encarnación. Porque esta vivencia de la comunión trinitaria dentro de la existencia humana tuvo lugar dentro del círculo de nuestra existencia humana real: dentro de la caída y corrupción de Adán, dentro del dominio y la oscuridad del mal, y dentro del pacto entre Dios e Israel. La encarnación de la fraternidad Triuna fue por lo tanto un evento sangriento, con dolor y lágrimas, fuerte clamor y sufrimiento y muerte y nuevo nacimiento.

### Dentro de la Piel de Adán: El Nuevo Hombre

Ante todo, la encarnación es el Hijo de Dios viviendo su filiación, su comunión con su Padre, como ser humano. Pero Juan nos dice de inmediato que esto sucedió no solo dentro de nuestra existencia humana, sino dentro de la "carne" humana.[17] No fue suficiente que Juan nos dejara con la verdad de que "Dios" creó los cielos y la tierra. Quería asegurarse de que sepamos que fueron el Padre, el Hijo y el Espíritu quienes actuaron en la creación. De manera similar, no fue suficiente que Juan nos dejara con el hecho de que el Hijo de Dios se hizo hombre. Quería asegurarse de que veamos toda la gloria de Jesucristo. Quería asegurarse de que comprendiéramos la profundidad de su humildad y amor. Quería que entendiéramos la encarnación como expiación. El Hijo, nos dice Juan, se hizo no meramente humano, sino *carne, y carne,*[18]

---

17 Véase Juan 1:14-33
18 Nota C. E. B. del comentario de Cranfield con respecto al significado en elm undo

bíblicamente hablando, es una palabra cargada. Cuando la Biblia habla de la humanidad en tinieblas, en rebelión, corrupción y perversión, usa la palabra carne.

El Hijo de Dios entró en la ecuación humana donde actualmente estamos, no en el Jardín antes de la Caída de Adán, sino después de la Caída, y así entró en medio de la corrupción y el desorden humanos, el quebrantamiento y la enfermedad. Entró en la única existencia humana disponible: la existencia humana caída.

¿Alguna vez has pensado en eso? Siempre me enseñaron que la raza humana es corrupta, "totalmente depravada". Esa puede ser una declaración demasiado fuerte o puede que no sea lo suficientemente fuerte. Pero sea lo que sea lo que se diga sobre el estado de la existencia humana y la profundidad de su corrupción, la asombrosa verdad de la encarnación es que el Hijo de Dios entró en ella.

T. F. Torrance de Escocia ve el significado de esto más que cualquier escritor moderno que yo conozca. Él dice:

> Quizás la verdad más fundamental que tenemos
> que aprender en la Iglesia cristiana, o más bien
> reaprender ya que la hemos suprimido, es que

---

de la "carne" en su ensayo, "Testigos del Nuevo Testamento de Cristo," in *Ensayos en Cristología por Karl Barth*, editado por T. H. L. Parker (Londres: Lutterworth Press, 1956), pág. 81. "El Nuevo Testamento da testimonio de una condescendencia de inefable bondad, el descenso del Hijo de Dios de la gloria que tenía con Su Padre antes de que el mundo existiera, a las profundidades más bajas del sufrimiento y la vergüenza humanos. Este movimiento descendente, indicado en 2 Cor. 8:9 por la expresión fecunda 'se empobreció' y trazada con más detalle en Filipenses 2:6-8... fue una autoidentificación real y profunda con los hombres pecadores. Las palabras "se hizo carne" significan que, sin dejar de ser Dios, tomó sobre Sí mismo no una naturaleza humana no corrompida por la caída del hombre, sino la misma naturaleza humana que es la nuestra, es decir, una naturaleza humana caída. Fue con ese material totalmente poco prometedor, lo que Pablo llama σαρξ 'αμαρτιας (Rom. 8:9)— que Él obró Su perfecta obediencia al Padre, siendo 'tentado en todo según nuestra semejanza, pero sin pecado'. 'Se hizo carne' y 'se hizo pobre' no se interpretan adecuadamente a menos que vayamos tan lejos como esto."

la Encarnación fue la venida de Dios para salvarnos en el corazón de nuestra humanidad caída y depravada, es decir, la Encarnación debe entenderse como la venida de Dios para tomar sobre sí nuestra naturaleza humana caída, nuestra existencia humana real cargada de pecado y culpa, nuestra humanidad enferma de mente y alma en su alejamiento o alienación del Creador.[19]

El punto aquí, por supuesto, no es decir que Jesucristo se hizo pecador o que fue contaminado de alguna manera por la existencia humana en la que entró. El punto es decir que realmente entró en nuestra situación real. Si no lo hizo, entonces volvemos al dirigible. Pues su obra se cernirá entonces sobre nuestras cabezas. Entonces no tendría ninguna relación real con nosotros.

Piense en un grupo de personas atrapadas en una mina colapsada. Y supongamos que el equipo de rescate solo se instala en la superficie y nunca baja a la mina. ¿Cuál sería el punto? No habría rescate. La ayuda no llegaría a las personas atrapadas en la mina. Pero dale la vuelta al pensamiento. Supongamos que el

---

19 Thomas. F. Torrance, *La Meditación de Cristo* (Grand Rapids: William B. Eerdmans Publishing Company, 1983), págs. 48-49. Compare el comentario de San Atanasio lo cual es típico de los primeros Padres de la Iglesia: "Como, por un lado, no podríamos haber sido redimidos del pecado y de la maldición, a menos que la carne y la naturaleza, que la Palabra tomó sobre Él, hubieran sido verdaderamente nuestras (porque no deberíamos tener interés por su asunción de ninguna naturaleza extranjera); así también el hombre no podría haber estado unido a la naturaleza divina, a menos que esa Palabra, que se hizo carne, no hubiera sido, en esencia y naturaleza, la Palabra e Hijo de Dios. Porque ese fue el propósito y fin mismo de la Encarnación de nuestro Señor, que Él debe unir lo que es hombre por naturaleza a Aquel que es por naturaleza Dios, para que el hombre pueda gozar de Su salvación y Su unión con Dios sin ningún temor de que ella decaiga o disminuya," *La Orientación de San Atanasio* (Londres: Griffith, Farran, Okeden y Welsh), II. 70. Para un tratamiento académico de la asunción de Cristo de nuestra humanidad caída, véase Thomas G. Weinandy, *A semejanza de carne de pecado* (Edinburgo: T & T Clark, 1993) y Harry Johnson, *La Humanidad del Salvador* (Londres: The Epworth Press, 1962)

equipo de rescate desciende a la mina, pero pierde el contacto con el equipo de superficie. En ese caso, ellos también estarían perdidos.

Es necesario que nos aferremos a ambos lados de la verdad. Si Jesús deja de ser él mismo, el Hijo amado del Padre que vive en comunión con el Padre en el Espíritu, entonces todo está perdido, porque nada tiene que darnos cuando viene a nosotros. Si, por el contrario, vive su filiación con su Padre pero no lo hace dentro de la piel de Adán, entonces su filiación no llega hasta nosotros;[20] la danza de la vida de la Trinidad vuela sobre nuestras cabezas.

Una vez que vemos con Juan y Pablo y la Iglesia primitiva que la encarnación fue una encarnación real, que el Hijo de Dios se hizo carne sin renunciar a su comunión con su Padre, entonces nos encontramos frente a una paradoja que nos permitirá ver la verdad sobre la obra de Cristo. En Jesucristo se forja una unión entre dos cosas que no van juntas. Por un lado, tienes la vida Triuna de Dios con toda su comunión cara a cara, pureza, plenitud, gozo, rectitud e integridad. Por otro lado, tienes la existencia humana en todo su escondite, quebrantamiento, corrupción, enfermedad y perversión. La encarnación significa que estos dos mundos están unidos.

En Jesucristo, la gozosa comunión del Padre, el Hijo y el Espíritu, la totalidad y la pureza de la Trinidad, se encuentra con Adán, temeroso y avergonzado y escondido entre los arbustos. ¿Cómo es esto posible? ¿Cómo puede ser que haya unión entre el ser Triuno de Dios y el ser humano caído? ¿Cómo es posible que la paz de Dios se cruce con la desarmonía de la existencia humana

---

20 "Solo si Jesús asumió una humanidad unida a la raza caída de Adán, su muerte y resurrección podrían sanar y salvar a esa humanidad" (Thomas G. Weinandy, *A semejanza de carne de pecado*, Edinburgo: T & T Clark, 1993), pág. 28.

caída? ¿Cómo puede la danza de la Trinidad realmente tocar y entrar en el caos del desorden humano? ¿Cómo puede ser posible esta "la más violenta de todas las contradicciones", como dijo Edward Irving?[21] La respuesta es que no es posible. Algo tiene que ceder. Algo tiene que cambiar. Tiene que haber una conversión, una transformación, un reordenamiento fundamental, una verdadera reconciliación. Y eso es exactamente lo que sucedió en la vida, muerte y resurrección de Jesús. Adán y la existencia humana adámica caída fueron transformados, convertidos, fundamentalmente reordenados, sanados, crucificados y nacidos de nuevo.

La entrada de la comunión del Padre, Hijo y Espíritu en nuestra condición quebrantada y ajena no significa la ruina de la Trinidad. No significa contaminación divina, profanación o polución, o algún tipo de infección venenosa de la comunión del Padre, el Hijo y el Espíritu, como tampoco Jesús se contaminó o se volvió leproso cuando extendió la mano y tocó al leproso. ¡La entrada de la comunión del Padre, el Hijo y el Espíritu en la "carne", en la existencia humana quebrantada, significa guerra!

En Lucas 2:52, la Biblia dice que Jesús creció tanto en sabiduría como en estatura con Dios y con los hombres. La palabra que se usa allí para "creció" es *prokopto*. Significa avanzar, progresar, seguir adelante. Se usaba en el mundo antiguo para describir la forja del metal en manos de un orfebre. Si alguna vez has visto a un herrero martillar una herradura, entonces tienes la imagen

---

21 "Porque en ese acto de encarnación contemplamos la naturaleza del hombre pecador, caído y sufriente entrando en una unión dulce y armoniosa con la naturaleza sin pecado de Dios... la más violenta de todas las contradicciones reconciliadas; y se abrió una puerta de esperanza, sí, y de seguridad, que ningún poder cerrará jamás" *Los escritos completos de Edward Irving*, ed. por G. Carlyle, vol. 5 (Alexander Strahan, Publishers, 1865), pág. 327-328, ver también págs. 114-146.

de *Prokopto*. Primero, el herrero enciende un fuego al rojo vivo. Luego toma una barra de hierro y la mete en el centro de las brasas. Cuando la vara brilla como una brasa, el herrero agarra el extremo más frío con la mano enguantada, la saca del fuego y la pone sobre un yunque. En cuestión de segundos, reúne cada onza de fuerza en su cuerpo y martilla la barra con golpes asombrosos. Agotado temporalmente, arroja la barra a un balde de agua fría para congelar el progreso y recuperar el aliento. En un momento, la vara vuelve al fuego.

Las extremidades involucradas—el puro calor del fuego, la fuerza del hombre, la asombrosa fuerza de los golpes, la precisión—son impactantes. Una y otra vez se repite el ciclo, con sólo un ligero progreso. Finalmente, a través de la repetición agotadora del fuego y los poderosos golpes, a través del dolor, el sudor y la sangre, comienza a emerger la forma de una herradura. Esa es la mejor imagen de lo que significa la encarnación cuando la miramos en su verdadero contexto. Porque eso es lo que sucedió en Jesucristo desde su nacimiento hasta su resurrección. El Hijo de Dios entró en nuestra existencia humana rota, caída y alienada. Él tomó sobre sí nuestra carne caída.[22] Se puso en los zapatos de Adán, en los zapatos de Israel, en nuestros zapatos, y se negó rotundamente a ser Adán. Se negó a ser Israel. Se negó a ser lo que somos.

En nuestra carne, dentro de la piel de Adán, se abrió camino a golpes. Entró en la existencia humana caída y se negó rotundamente a ser "caído" en ella. Paso a paso, momento a momento, golpe a golpe, a través del fuego y la prueba, a través de 33 años de sangre, sudor y lágrimas, a través de la crucifixión, en el poder

---

22  Como lo expresa Thomas G. Weinandy: "El eterno Hijo de Dios funcionó desde dentro de los confines de una humanidad alterada por el pecado y la Caída" *(En Semejanza de Carne de Pecado,* Edimburgo: T & T Clark, 1993), págs. 18-37

del Espíritu Santo, transformó a la humanidad caída que asumió desde "el pecado de Adán, del enredado árbol familiar"[23]

Esa es la obra expiatoria de Jesucristo. Vivió su filiación dentro de la existencia adámica caída, y fue un desastre sangriento. Vivió su filiación a través del fuego, la prueba y las lágrimas,[24] hasta el punto de su sacrificio final al morir en la cruz. La muerte de Jesucristo no es un castigo de manos de un Dios enojado; es la identificación última del Hijo con el Adán caído, y la expresión suprema de la fidelidad a su propia identidad como Aquel que vive en comunión con el Padre en el Espíritu. Porque él verdaderamente entró en nuestro quebrantamiento, alejamiento y alienación. Llevó en su propio ser la violenta contradicción, y la resolvió a través del fuego y de la prueba, muriendo a su carne adámica, crucificándola en el Calvario.

Porque de ninguna otra manera podría vivir su comunión con su Padre, como el Hijo *encarnado*, excepto haciendo morir la carne de Adán. La muerte de Jesucristo no es el fin de la relación entre el Padre y el Hijo; es su triunfo final. Porque morir es la negativa final y decisiva del Hijo encarnado a ser Adán. Como tal, es la circuncisión radical de la carne adámica, la muerte del hombre de pecado, la conversión decisiva de la existencia adámica y el final y la destrucción de la Caída en la re-creación y resurrección. Porque lo que emerge al otro lado de la cruz es un ser humano, del tronco caído de Adán, que está absolutamente bien con Dios Padre. Jesucristo no es una llave divina que Dios recogió y usó por un tiempo y luego volvió a poner en la caja de herramientas celestial. Jesús tampoco es un mero contador que hace el balance del libro

23 Thomas G. Weinandy, *A Semejanza de Carne de Pecado* (Edinburgo: T & T Clark, 1993), pág. 28.
24 Véase Hebreos 5:8.

mayor legal. Jesucristo es expiación viviente. Él es hombre, del linaje retorcido por el pecado de Adán, justo con Dios el Padre. Él es el hombre adámico, uno con el Padre, viviendo en unión y comunión con el Padre, aceptado y abrazado por el Padre y sentado a Su diestra. Lo que surge a través de 33 años de fuego, prueba y crucifixión es el hombre adámico participando total y completamente en la gran danza de la Trinidad, ahora y para siempre. Esta unión viva, esta relación entre Dios, por un lado, y la humanidad por el otro, es la obra expiatoria de Cristo. Esta unión es salvación; es una reconciliación real, no teórica.

## Dentro del Dominio del Mal: Jesús es Vencedor

Pero ahora tenemos que mirar de nuevo a la encarnación. Todavía estamos rascando la superficie de lo que significa la encarnación. El Hijo de Dios vino aquí y vivió su filiación, su comunión y vida, con su Padre en el Espíritu. Y lo sigue haciendo ahora y siempre como Hijo encarnado. Pero esto sucedió dentro de un contexto definido, dentro del contexto de la Caída y, por lo tanto, dentro de la existencia adámica caída. Ahora debemos ver que esto sucedió dentro del dominio del mal.

La encarnación sucede dentro del círculo de la oscuridad, dentro del círculo de la mentira. El Hijo de Dios entró en nuestro mundo, el mundo donde la raza humana había caído presa del mal y se había entregado irremediablemente en manos del maligno. Se convirtió en lo que somos. Se paró donde nosotros estábamos, donde el mal, la oscuridad y la corrupción se habían envuelto alrededor de nuestros seres y amenazaban con nuestra destrucción total.

En Jesucristo se juntan dos cosas que no van juntas: la comunión del Padre, el Hijo y el Espíritu y nuestra existencia humana alienada y quebrantada bajo el dominio del maligno. ¿Qué sucede cuando la misma comunión, vida y gloria del Padre, el Hijo y el Espíritu invaden el dominio de las tinieblas, se instalan dentro del territorio enemigo? ¿Qué sucede cuando el Hijo conoce a su Padre en la comunión del Espíritu como siempre lo ha conocido, pero ahora desde dentro de la piel de Adán, y dentro del dominio del mal?

¿Qué sucede cuando el Hijo camina y vive en el Espíritu Santo, como siempre ha caminado y vivido, pero ahora camina y vive también como un hombre en los zapatos de Adán, bajo el cegador acoso del maligno? ¿Qué sucede cuando dentro de nuestra oscuridad y alienación, dentro de nuestra confusión y de las tentaciones que son comunes al hombre, el Hijo de Dios se niega rotundamente a ser otra cosa que lo que es, el Hijo amado y fiel del Padre que vive en la comunión del Espíritu?

¿Qué pasa cuando día tras día pronuncia su gran e intolerante "¡No! No haré. No seré mi propio hombre. No abandonaré a mi Padre. No me saldré del círculo de vida que comparto con él en el Espíritu. ¡Amaré a mi Padre con todo mi corazón, alma, mente y fuerzas!" ¿Qué es lo que pasa?

En el verdadero sentido de la frase, "Se desata el infierno". En un ataque total, el maligno desata todo lo que tiene sobre Jesucristo. Utiliza todos los trucos sutiles, atroces y cobardes que tiene. Desprecia la comunión del Padre, Hijo y Espíritu; lo quiere desgarrado y destruido, expulsado del planeta.

Algunas personas piensan que Jesús no fue tentado como nosotros, que lo tuvo fácil, que básicamente se presentó como el Hijo de Dios y todo estuvo bien. La verdad es que nunca sabremos la copa que tuvo que beber. Nunca sabremos el dolor, la agonía que soportó. Lo que vemos en Getsemaní[25] cuando Jesús está sobre su rostro, llorando lágrimas profundas y sudando gotas de sangre—la pena, el dolor, el sufrimiento de soportar el peso de todo—lo que vemos en Getsemaní es una imagen de lo que estaba sucediendo dentro de Jesús desde el momento de su nacimiento. Toda su vida estuvo en la guerra: presión, tentaciones internas y externas, constantes asaltos de duda y confusión y oscuridad, insinuaciones incesantes, vergüenza interminable de los tipos religiosos, la debilidad y la traición de sus mejores amigos.

La encarnación significa que vivió su filiación dentro del dominio del mal. Desde su nacimiento hasta la cruz, fue guerra; "desde el momento en que tomó la forma de siervo, comenzó a pagar el precio de la liberación", como dijo Calvino.[26]

La gran danza de la vida compartida por el Padre, el Hijo y el Espíritu se instaló dentro del dominio de las tinieblas, y a través del fuego y la prueba, golpe a golpe, durante 33 años, se abrió paso a través de todo el campamento. El hecho de que a pesar de todo Jesús nunca traicionó a su Padre; el hecho de que, a pesar de todo, nunca salió del círculo de la vida que comparte con su Padre en el Espíritu; el hecho de que soportó el peso de todo eso, significa que en Jesucristo emerge un hombre, del tronco retorcido por el pecado de Adán, desde dentro del dominio del mal, que es total y absolutamente victorioso sobre el mal.

¿Qué podría arrojar el maligno ahora al Hijo resucitado y ascendido, que no haya visto y verificado a través y amado

---

25 Véase Marcos 14:32ss.
26 Juan Calvino, *Institutos de la Religión Cristiana*, volumen XX de *La Librería de Clásicos Cristianos*, editado por John T. McNeill (Filadelfia: The Westminster Press), II.xvi.5.

a su Padre? Jesucristo resucitado es el Hijo de Dios encarnado como hombre, como hombre adámico, que vive más allá de la posibilidad de la tentación, la oscuridad y la confusión. Es el hombre adámico que vive en victoria, que vive en la luz, sin el estorbo de las tinieblas. Es imposible que el mal siquiera tenga un punto de apoyo en el círculo de la comunión del Espíritu compartido por el Padre y el Hijo encarnado y ascendido. Vive más allá de la oscuridad, en plena luz de la danza, ahora y siempre. Jesús es Vencedor.

## Dentro del Pacto: El Nuevo Pacto

Pero todavía estamos solo arañando la superficie de la encarnación. Hay todavía otro contexto, un tercero, en el que debemos ver la puesta a tierra de la fraternidad trinitaria. Porque la vivencia de la comunión Triuna se lleva a cabo no solo dentro de la piel de Adán, no solo dentro del dominio del mal, sino también dentro del pacto entre Dios e Israel. La encarnación significa que la relación de Padre e Hijo en el Espíritu ha invadido el lado humano del pacto, establecido dentro de Israel y el lado de Israel de la relación, dentro del fracaso de Israel para responder al llamado de Dios.

En Génesis 3, Dios llama a Adán y Eva, y están escondidos en los arbustos sin poder responder a Su llamado, sin poder dar un paso adelante y vivir en comunión con Dios. Ese llamado resuena a lo largo de toda la historia de Israel sin respuesta. Resuena a lo largo de tu vida y la mía sin respuesta. Pero ahora, en el lado humano de esa llamada, dentro de nuestra falta de respuesta, está el Hijo del Padre encarnado, el Hijo amado como hombre. Al vivir su filiación, está respondiendo al llamado de Génesis 3.

Está cumpliendo el pacto, está tallando en la existencia de carne y sangre una respuesta real al llamado. Paso a paso, golpe a golpe, a través de 33 años y una crucifixión, responde al Padre con todo su corazón, alma, mente y fuerzas. Y lo hace dentro del fracaso de Adán, del fracaso de Israel, de nuestro fracaso en responder.

¿Qué significa la encarnación? ¿Qué significa que el Hijo de Dios vivió su filiación como ser humano? ¿Qué significa que la comunión eterna del Padre, el Hijo y el Espíritu se ha establecido y se ha abierto camino plenamente dentro de la existencia humana? Significa que la relación de pacto entre Dios e Israel, por fin, se ha cumplido. Y más que eso, significa que la relación del pacto se ha llenado con nada menos que la relación del Padre, el Hijo y el Espíritu.[27] La gran danza en sí misma es ahora el contenido del pacto entre Dios e Israel, y en Israel, con la raza humana.[28] Esto no es teoría. Jesucristo se sienta a la diestra del Padre como hombre, como hombre adámico, como Israel, como Hombre del Pacto, y vive en fidelidad al pacto y comunión del pacto con el Padre en el Espíritu, ahora y para siempre. Él es el nuevo pacto entre Dios y la humanidad, tallado en la existencia humana y permanente para siempre.[29]

---

27 Nótese el comentario de T. F. Torrance, "...en Jesucristo, la fidelidad del Pacto de Dios ha sido enfrentada y respondida por una fidelidad del Pacto dentro de nuestra humanidad, de modo que esa fidelidad divino-humana forma el contenido mismo y la sustancia del Pacto cumplido que es el Nuevo Pacto. Así, la relación del Pacto ahora está llena de la relación o comunión entre el Hijo y el Padre, y es en esa comunión que el Espíritu nos da para compartir" (Conflicto y Acuerdo en la Iglesia, [Londres: Lutterworth Press, 1960 ], vol.2, págs.122-123.

28 Véase Isaías 42:6.

29 Véase Hebreos 8-10.

## La Pieza que Falta:
## La Encarnación como Conexión

Pero todavía estamos rascando la superficie del significado de la encarnación. Cuando el Hijo de Dios se hizo humano y vivió su filiación como hombre, la existencia adámica fue crucificada y nacida de nuevo y exaltada en el círculo, la esclavitud del mal fue superada y el nuevo pacto fue tallado en la existencia humana. Pero si nos detenemos aquí, todavía no tenemos evangelio. Porque todavía estamos afuera mirando hacia adentro. Somos, todavía, solo espectadores. Si nos detenemos aquí, sólo tenemos el modelo de cristianismo "¡Hurra por Jesús!". ¡Hurra por Jesús, lo ha logrado! Ha pasado por todo y vive ahora dentro del círculo. Él es el hombre nuevo. Él es vencedor. Participa plenamente, sin trabas ni estorbos, en la comunión del pacto. Genial para Jesús. ¿Pero qué hay de nosotros? ¿Así es? ¿Fue todo esto elaborado a través del fuego y las pruebas para que tuviéramos un gran ejemplo a seguir? ¿La Biblia nos deja mirando la ascensión preguntándonos cómo vamos a seguir a Jesús? ¿O hay algo sobre la encarnación aún por descubrir, una pieza faltante? Hasta aquí he hablado de la encarnación desde la perspectiva del Hijo viviendo su filiación dentro de la existencia humana. Pero este Hijo no solo conoce al Padre y comparte todas las cosas con Él en la abundante comunión del Espíritu, este Hijo de Dios es también el creador del universo. Él es aquel en y a través de quien todas las cosas fueron creadas.

Recuerda que Dios *es* Padre, Hijo y Espíritu. Nunca hubo un tiempo en el que solo existiera Dios. Dios siempre ha sido Trinidad. Nunca ha habido un pensamiento de Dios que no fuera pensamiento trinitario. Y nunca ha habido un acto de Dios que no haya sido el acto del Padre, del Hijo y del Espíritu. El Padre nunca actúa a espaldas del Hijo y del Espíritu. El Padre no tiene su "cosa propia" sucediendo al margen, por así decirlo. Él no crea el universo a espaldas de Cristo, sin el conocimiento de Cristo y sin su participación. La creación es obra del Padre, del Hijo y del Espíritu.

El Nuevo Testamento es bastante claro en que todas las cosas fueron creadas no solo por Dios, sino en, a través y por el Hijo. Nada, dice Juan enfáticamente, *ninguna cosa*, fue creada aparte del Hijo. Es en, a través y por el Hijo que se produce la creación, y él es aquel en quien todas las cosas existen y se mantienen unidas.[30] Y eso significa que hay una conexión entre el eterno Hijo de Dios y todas las cosas. Existe una conexión entre el eterno Hijo de Dios y todo ser humano.

He subrayado que cuando el Hijo de Dios se hizo hombre, no abandonó a su Padre. La comunión de Padre, Hijo y Espíritu no se rompió ni se perdió en el proceso. El Hijo no dejó de ser Hijo. De la misma manera, necesitamos ver ahora que cuando el Hijo se hizo humano, no dejó de ser Aquel en y por quien y por quien existen todas las cosas.

La conexión entre el Hijo de Dios y el cosmos, el universo y la raza humana no se evaporó repentinamente cuando se hizo hombre.

Cuando el Hijo de Dios salió de la eternidad a la historia, la conexión entre él y la raza humana no se perdió; estaba apretada. Se solidificó, se hizo más fuerte, se aseguró. Eso significa que aunque Jesucristo es un hombre real, un ser humano individual, también es más que eso. *Él es el hombre*, el único hombre en quien

---

30 Véase Juan 1:1-3; Hebreos 1:1-3 y Colosenses 1:16ss

está ligada toda la raza humana.

La historia de Jesucristo, por lo tanto, no es un evento más en una serie de eventos importantes en la historia humana. La historia de Jesucristo es el acontecimiento de todos los acontecimientos. Es *el* momento de todos los momentos. Lo que sucede aquí en este Dios, lo que sucede aquí en este Hijo en y por y por quien todas las cosas existen, tiene un significado fundamental y decisivo para ti, para mí, para la raza humana y, de hecho, para todo el cosmos.

Para bien o para mal, lo que le sucede a Este, nos sucede a nosotros. Para bien o para mal, lo que sea de *él* será del género humano.

Si *él* se hunde, el cosmos se hunde. Si *él* muere, entonces nosotros morimos. Y eso es exactamente lo que sucedió. Murió el Hijo encarnado, y en su muerte murió Adán, murió el hombre viejo,[31] Tu moriste, nosotros morimos.[32] Porque no fue un simple hombre el que murió en la cruz. Era el Hijo encarnado, Aquel en quien existen todas las cosas. Fue crucificado, y en su crucifixión, Adán, tú, yo, toda la raza humana fue crucificada. Dios no solo hizo algo *por* nosotros en Jesucristo, Dios hizo algo *a* nosotros y *con* nosotros. En Jesús, en este Hijo encarnado, Dios estaba actuando sobre todos nosotros, haciendo algo por nosotros, haciendo algo de nosotros.

Si la raza humana cayó en un simple hombre llamado Adán, ¿qué pasó con la raza humana en la muerte, resurrección y ascensión del Hijo de Dios encarnado? ¿Por qué la Iglesia ha sido tan rápida en darle a Adán tal estatus en todo el esquema de las cosas y tan lenta en reconocer la grandeza incomparable de Jesucristo? ¿Es el Hijo

---

31 Véase Romanos 6:6.
32 Véase 2 Corintios 5:14ss.

encarnado menos que Adán? ¿Es Jesucristo menos un factor en la existencia humana? Adán es sólo un hombre, una mera sombra en comparación con el Hijo de Dios encarnado.

Si todos descendimos en Adán, ciertamente todos descendimos en Cristo. Pero eso es solo el comienzo de la historia. Porque el Hijo encarnado no sólo murió, resucitó. ¿Qué nos sucedió en su resurrección? Cuando este Hijo resucitó, ¿nos dejó en la tumba? ¿Dejó a Adam atrás? ¿Él nos dejó a ti ya mí, la raza humana, en la tumba? "Bendito sea el Dios y Padre de nuestro Señor Jesucristo", dice Pedro, "que según su gran misericordia nos hizo renacer para una esperanza viva, por la resurrección de Jesucristo de entre los muertos".[33]

Cuando este Hijo descendió, nosotros descendimos. Y cuando este Hijo salió de la tumba, la raza humana salió con él, vivificada con vida nueva, renacida en el Espíritu a una esperanza viva. Y cuando este Hijo ascendió al Padre, llevó consigo a todo el género humano.[34] Y allí y entonces el género humano fue acogido por el Padre, aceptado, abrazado, incluido en la gran danza.

Hace un tiempo estaba enseñando sobre esta conexión entre Jesucristo y la raza humana, y cuando terminé, una chica joven bajó por el pasillo llorando. Al principio pensé que había dicho algo que le había roto el corazón. Le pregunté qué estaba mal. Ella dijo:

> No pasa nada, Sr. Kruger. Cuando estabas contando tu historia, Dios me dio una visión. Vi a Dios sentado en un trono, y había todos estos escalones que conducían a su trono. Y había gente,

33 Véase 1 Pedro 1:3.
34 Véase Efesios 2:4-7.

cientos y cientos de personas, en los escalones.
Todos tratábamos de llegar a Dios, pero ninguno
de nosotros podía lograrlo. Seguíamos cayendo,
y no podíamos llegar a Dios, y todos estábamos
tristes. Y entonces vi a Jesús. Se acercó y nos tomó
a todos en sus brazos y subió los escalones y nos
puso en el regazo del Padre.

Esa es la pieza que falta en el rompecabezas del evangelio, el significado completo de la encarnación y la ascensión.

El evangelio no te deja mirando al cielo preguntándote cómo vas a lograrlo como lo hizo Jesús. El evangelio no te deja ahora contigo mismo y con el descifrar cómo se va a convertir tu existencia humana, cómo vas a ganar la victoria sobre el mal, cómo vas a convertirte en miembro de esa comunidad del nuevo pacto que Jesús tiene con su Padre. El evangelio es la noticia de que Jesucristo lo ha hecho.

El evangelio no es una invitación. El evangelio es una declaración de la verdad. Nos declara que hemos sido recreados en Jesús, que hemos sido librados del mal en Jesucristo, que se nos ha dado una nueva relación con el Padre en Jesucristo. El evangelio nos declara que en la encarnación, vida, muerte, resurrección y ascensión del Hijo de Dios, fuimos abatidos y limpiados de toda alienación; fuimos remodelados, recreados, nacidos de nuevo; y fuimos elevados al círculo de vida compartido por el Padre, el Hijo y el Espíritu, y allí mismo incluidos en la gran danza del Dios Triuno. Porque no fue un hombre ordinario el que murió, resucitó y ascendió. Era el Hijo de Dios encarnado, Aquel en, por y por quien existen todas las cosas.

# Capítulo 3

# El Río que corre A través de Todo

## La Trinidad y el Secreto de la Vida Humana

*La afirmación central de la fe cristiana declara que Dios mismo ha entrado en nuestra situación humana y al hacerlo la ha transformado totalmente.* — A. M. Allchin[35]

*Creo en el cristianismo, ya que creo que el sol ha salido, no solo porque lo veo, sino porque por eso veo todo lo demás.*
— C. S. Lewis[36]

¿Qué debemos hacer con el hecho de que Jesucristo está sentado a la mano derecha de Dios, el Padre Todopoderoso? ¿Qué debemos hacer con el hecho de que está sentado a la mano derecha del Padre, ahora y para siempre, no solo como el Hijo de Dios sino como el Hijo de Dios encarnado y, por lo tanto, como un ser humano? ¿Qué debemos hacer con el hecho de que está sentado allí no simplemente como un hombre, sino como el

---

35 A. M. Allchin, *Participación en Dios: Un Hilo Olvidado en la Tradición Anglicana* (Londres: Dartmon, Longman & Todd, 1988), pág. 1.
36 C. S. Lewis, "¿La teología es poesía? en *El Peso de la Gloria y Otras Direcciones* (New York: Simon & Schuster, Un libro de Touchstone, 1996), pág. 106.

hombre, el último Adán, al que toda la raza humana está atada? ¿Qué debemos hacer con el hecho de que ya nos ha incluido en la gran Danza?

## La luz del Mundo

En el Evangelio de Juan, Jesús declara: "Soy la luz del mundo".[37] No dice: "Seré la luz del mundo cuando la gente finalmente decida seguirme" o "Seré la luz del mundo cuando las personas finalmente acierten su religión "o" cuando la iglesia haga su trabajo y convierta el mundo". Él dice "Yo Soy la luz del mundo" Esta no es una profecía o una proyección de lo que puede ser algún día en el futuro. Ni siquiera es una invitación. Es una declaración simple.

La base sobre la cual Jesús está hablando es el hecho de que hizo algo que cambió el mundo. Sin consultarnos, sin nuestro consentimiento, el Hijo de Dios se apoderó de la raza humana y alteró decisivamente su propia identidad y existencia. Nos derribó en su muerte. Crucificó a Adán, a ti, a mí, a la raza humana, nos limpió de toda alienación y nos convirtió a su Padre. Nos levantó en su resurrección, nos dio una nueva vida, un nuevo nacimiento, nos envolvió en el Espíritu Santo.

Nos exaltó en su ascenso y nos llevó a casa dentro del círculo de la vida y la danza, la alegría y la gloria del Dios Triuno. Jesús, por lo tanto, no se presenta a nosotros como una teoría, una mera posibilidad, otra verdad potencial entre una serie de verdades potenciales para la raza humana: se presenta como la luz de nuestras vidas, como el misterio, el secreto de existencia humana.

Cuando Jesús declara: "Yo soy la luz del mundo", no está siendo

---

37 Véase Juan 8:12.

arrogante, y ciertamente no está siendo exclusivo. Nos dice que ya lo ha hecho, que ya nos ha dibujado dentro del círculo. Nos dice que ya nos ha incluido en el gran baile. Nuestra inclusión, por lo tanto, no es un objetivo que ahora debamos lograr, o alcanzar o hacer realidad. Es la verdad. Y como tal, es la mayor de todas las pistas sobre quiénes somos y qué está sucediendo realmente en nuestras vidas.

El hecho de que Jesucristo sea quién es y haya hecho lo que ha hecho por nosotros, con nosotros y a través nosotros, significa que ya hay más en tu vida de lo que te imaginaste. Significa que ya hay más del gran baile sobre nosotros de lo que hemos sospechado. ¿Cómo podría ser lo contrario? Si él comparte en la vida de la Trinidad, y estamos incluidos en él, entonces es imposible que la vida esté ausente de nuestras vidas.

Jesús no está allá arriba en algún santuario celestial esperando que nosotros actuemos juntos. No ha anulado las instalaciones y nos ha dejado como huérfanos,[38] fuera del círculo de su vida familiar. No está ausente, está presente. Y el que está presente es el hijo encarnado, que comparte toda la vida y toda gloria y toda plenitud y toda alegría con su padre en la comunión del Espíritu.

El que está presente es el hijo encarnado, el nuevo hombre que está cara a cara con el Padre; el vencedor, que vive más allá del mal y la oscuridad; El hombre del pacto, que vive en comunión sin obstáculos con el padre.

El misterio en el trabajo en el universo, la luz de la vida, el secreto,[39] es que Jesucristo ya está compartiendo su vida con nosotros. El gran baile ya está en marcha en tu vida y en la mía.

---

38 Véase Juan 14:18.
39 Véase Colosenses 1:27.

Con toda humildad y gracia, Jesucristo ya está compartiendo su alegría, su comunión, su libertad con nosotros. Ya está compartiendo su gloria, plenitud y cargas con nosotros. Con toda humildad y gracia, ya está compartiendo su creatividad, su conocimiento, sus intereses y la conciencia limpia con nosotros, su amor. Esto no es teoría, esto no es un sueño, esto es la luz de la vida, el misterio de nuestra existencia, la verdad fundamental de las cosas. Nuestro trabajo es repensar todo lo que pensamos que sabíamos sobre nosotros mismos y los demás y lo que está sucediendo en la vida humana. Porque nos han dado un regalo asombroso.

## El Secreto de la Vida Humana

Justo el otro día, vi a una abuela sosteniendo a su nieta bebé. Estaba parada en un restaurante en el centro comercial. Vi sus ojos mientras miraba a esa bebé. Vi el amor y la alegría, la ternura y el compromiso. Vi las esperanzas, los sueños, los deseos. Vi la risa. Pensé dentro de mí. "¿Todo eso se origina con esa abuela? ¿Es ella la que crea ese amor, esa alegría, esa ternura, ese compromiso? ¿Tiene su origen en su corazón? ¿Es ese un simple evento humano, un mero amor humano? No, *ese* es el gran baile de la Trinidad trabajando dentro de nosotros, presente, no ausente ".

Solo hay un círculo de amor en este universo, solo un círculo de vida y compañerismo, pasión, ternura y compromiso. Y ese círculo se ha abierto en Jesucristo, a la raza humana, esa abuela y esa bebé, también han sido incluidas en él. Hay mucho más en su vida de lo que alguna vez imaginó. Lo más probable es que no tenga ni idea de lo que está sucediendo. Lo más probable es que piense que todo es humano. Pero no es "solo humano". Es la comunión, la alegría, la vida, el amor del Padre, el Hijo y el Espíritu que se juegan en ella y en su relación con su nieta.

Una amiga me dijo que su iglesia estaba estudiando dones espirituales. Ella dijo que el predicador enumeró todos los dones y les dio a todos un formulario para completar que les ayudaría a comprender qué dones tenían. Ella me miró y dijo: "Baxter, finalmente decidí que simplemente no tenía ningún don espiritual". Me quedé impactado. Porque estaba claro para mí que fue bendecida con el mayor de todos los dones espirituales, yo le dije que sí. Le dije que tenía el don de la hospitalidad. Señalé cómo todos los que entran en el complejo de la oficina van directamente a su escritorio y entablan una conversación con ella. Todos se sienten atraídos por ella. Y le dije que sin fallar cada conversación que había tenido con ella me había dejado elevado y alentado. Ella se avergonzó un poco y dijo: "Bueno, lo sé, pero esa soy solo yo". Y le dije: "No, esa no eres solo tú. Solo hay un círculo de hospitalidad en este universo y ese es el círculo del Padre, el Hijo y el Espíritu. Toda la hospitalidad, el espíritu de toda acogida y aliento, la camaradería y el hogar comienzan allí en la relación de Padre, Hijo y Espíritu. Tú, amiga mía, has sido incluida en ese círculo, y es la hospitalidad del Padre, el Hijo y el Espíritu la que sale de tu ser. El Padre, el Hijo y el Espíritu comparten su hospitalidad, su espíritu acogedor, acelerado y alentador, con el mundo a través de ti ".

Este asombroso compartir no es un objetivo que se pueda lograr. Es como son las cosas. Es la verdad para ser descubierto, para ser entendido, la luz por la cual finalmente podemos comenzar a entender quiénes somos y qué está sucediendo realmente en nuestras vidas.

Vi un documental no hace mucho sobre una operación de rescate para salvar algunas ballenas encalladas. Resultó ser un proyecto importante. No pude evitar notar la seriedad de las personas involucradas, la profundidad de su carga y compromiso, su determinación. Ciertamente hubo mucha confusión en ello, egos y orgullo y un aire definitivo de superioridad por parte de algunos. Pero la preocupación, la carga era inconfundible. Había visto esa preocupación antes. Había visto esa carga en acción antes.

¿A quién le importa la creación? ¿Quién es el que conoce las estrellas por su nombre, mira los gorriones y la ropa de los lirios del campo? ¿Quién es lo que cuenta la cantidad de pelos en cada cabeza humana? ¿Fue la preocupación y la carga que llevó toda la operación de rescate hasta su extremo triunfante simplemente humana? ¿Fue la alegría y la dignidad y la camaradería de todo únicamente un asunto humano? ¿Debemos atribuir esto a la bondad innata de los seres humanos? No me parece. Solo hay un círculo de interés, preocupación y carga por la creación en este universo. Y ese es el círculo del Padre, el Hijo y el Espíritu. Lo que mi familia vio en la televisión era nada menos que el Dios Triuno en acción, el Padre, el Hijo y el Espíritu que tendían a la creación en y a través de los corazones, las manos y los pies de un grupo de seres humanos.

Déjame darte otro ejemplo de lo que quiero decir de mi propia vida. Una de mis pasiones es la pesca. Hace unos años comencé a jugar con la idea de hacer señuelos de pesca realistas, señuelos que se parecen a los peces de cebo real. Trabajé durante horas y horas en mi tienda, tallando y lijando, tratando de descubrir cómo poner una superficie brillante en la madera, cómo darle escamas y un tono iridiscente, y cómo pintarlo para que parezca real, cómo para darle acción realista, incluso hasta el punto de inventar una cola patentada. El primer señuelo fue tan feo que me daba vergüenza mostrarlo a cualquiera. Pero lo probé en secreto, y en el segundo lanzamiento atrapé un róbalo de 6.12 libras. Entonces supe que estaba en algo. Así que seguí adelante hasta que obtuve los señuelos para mirar y actuar como había soñado.

Un día, mi hija Laura salió a la tienda mientras yo estaba dando los toques finales a uno de los señuelos. Ella se quedó allí y observó por un tiempo y luego preguntó: "Papá, ¿cómo se te ocurrió la idea de hacer estos señuelos?" Me preguntaba sobre la idea creativa en sí y sobre todos los pequeños bits que entran en el señuelo: la talla, la pintura, los ojos, la cola, la iridiscencia. Me volví hacia Laura y le dije que tenía una amigo que ama la pesca, todo tipo de pesca, y cuando lo me acerco a él, él comparte sus ideas conmigo. De hecho, le emociona que yo tome sus ideas y las haga realidad, por así decirlo. Me preguntó si conocía a mi amigo. Le dije que sí, e inmediatamente comenzó a decir nombres. A cada nombre, sacudí la cabeza, diciendo que ese no era el amigo del que estaba hablando. Finalmente le dije que este amigo también ama la música y la cocina y la risa, la jardinería y el béisbol y los animales. Ella hizo una pausa. Y luego preguntó: "Papá, estás hablando de Jesús, ¿no?"

"Sí, Laura", le dije, "estoy hablando de Jesús. La música que tocas en tu piano y la alegría que conoces al tocar no son tuyos. Son parte de la gran danza de la vida compartida por el Padre, el Hijo y el Espíritu, y Jesús los comparte contigo. Él pone su música en tu corazón y puedes tocarla ".

Esa es la luz de la vida. Detrás todo está Jesús y su vida con su Padre en la comunión del Espíritu. Él comparte sus ideas con nosotros, sus alegrías y delicias y amores, sus cargas e intereses. Él comparte su vida con nosotros y la estamos viviendo. El gran baile se juega todos los días en nuestras vidas. Nuestra inclusión en el gran baile no es un objetivo. No es algo que debamos lograr o alcanzar. Es como son las cosas. Es la luz del mundo, el secreto de la existencia humana y toda la creación gime para que lo veamos.[40]

## La Confusión y La Verdad

Hay un sentido, por supuesto, en el que nuestra participación en el Gran Danza es un objetivo. No somos computadoras con software divino. Somos personas distintas que han sido incluidas en la gran danza. Como personas distintas, es posible que nos confundamos sobre quiénes somos y, en nuestra confusión, hagamos las cosas de la manera incorrecta, lo que sofoca nuestra vida en Cristo. Si no sabemos quiénes somos realmente como participantes en la vida de la Trinidad, nos sentiremos muy orgullosos de nosotros mismos y de lo que creemos que hemos hecho, y ese orgullo mojigato repele a las personas y cortocircuita la comunión de la Trinidad que obra dentro de nosotros. Si no sabemos la verdad, nos confundimos y creemos cosas incorrectas sobre Dios, sobre nosotros mismos y los demás, y en esa confusión actuamos de tal manera que se arroja una manta húmeda sobre nuestra participación en la gran danza. Por ejemplo, si no sabemos quiénes somos en Cristo, caemos en creer que nuestra vida, alegría y plenitud provienen de las cosas, o del dinero, o de la aceptación o posición social. Así que perseguimos estas cosas y casi destruimos nuestros matrimonios y relaciones, y la vida de otras personas, y la creación misma en el proceso.

---

40  Véase Romanos 8:19

Claramente, hay otro factor en la ecuación de nuestras vidas, un factor siniestro y asqueroso, apartado de la realidad de nuestra inclusión en la vida Triuna. Y debemos ordenarlo todo. Debemos aclarar quién es lo que nos confunde y nos arroja a tanta oscuridad. Y debemos entender la lógica de la confusión, cómo funciona y qué nos hace y cómo pervierte nuestra participación en La Gran Danza. Pero no estamos en posición de emprender tal cosa hasta que estemos cuadrados en los hechos. Es solo hasta que entendemos quiénes somos en Cristo que tenemos luz para comprender lo que está mal y cómo solucionarlo. Solo hasta que nos veamos a nosotros mismos no afuera, sino dentro, no excluidos, sino incluidos, no solos sino ligados a Jesucristo, que tenemos la luz que expone la mentira profunda del mal que dice que estamos separados de Dios. Y solo entonces podemos ver cómo funciona esa mentira en nuestras vidas.

En primer lugar, debemos estar ubicados sobre el hecho de que nuestra inclusión en el gran baile de la Trinidad no es un objetivo que podamos alcanzar. Así es como las cosas son. Y debemos aprender a vernos a nosotros mismos y a otros por lo que realmente son, no simplemente seres humanos que hacen sus propias cosas, sino la gente contenida en la comunión, la camaradería, la gloria y la alegría y el amor y la vida de Padre, Hijo y Espíritu.

## La Trinidad, La Agricultura y La Construcción de un Lago

El año pasado iba a hablar en una universidad en el medio oeste de los Estados Unidos. Un joven estudiante me recogió en el aeropuerto y comenzamos a conducir por el campo. Por millas no había nada más que granjas. Pasamos un campo después otro campo, y en cada campo había al menos uno, si no dos o tres agricultores arando. El chico me dijo que después de sus estudios universitarios, esperaba ir al seminario y finalmente al ministerio. Inmediatamente le pregunté sobre todos los agricultores que habíamos visto y específicamente cómo Jesús se relaciona con lo que hacen con sus vidas, las horas y horas que pasan en esos tractores, arando, plantando y cosechando. Dijo que nunca había pensado realmente en eso. Pensé para mí mismo: "Allí hay hombres que pasan 60 o 70 horas a la semana, si no más, cultivando, trayendo alimentos para millones de personas, la comida por la cual muchos darán gracias a Dios. Aquí hay un buen estudiante cristiano evangélico con los ojos puestos en el ministerio, y sin embargo, nunca ha pensado en cómo Jesús se relaciona con aquellos agricultores, con quienes, con toda probabilidad, ministrará el evangelio".

En el verano de 1999, participé en la construcción de un lago para cultivar róbalo de 39 acres. Fui contratado como consultor de diseño del lago por un amigo que dirigía todo el proyecto. El proyecto en sí fue una gran empresa, de hecho. Primero estaba la idea en sí, y las horas y los días pasaron buscando el terreno correcto. Luego estaba el diseño del proyecto general, el plan maestro: la ingeniería, las carreteras, los lotes, el suministro de agua y los requisitos de aguas residuales. Después estaba el diseño del lago, con sus trincheras y montículos y campos de tocones y el delicado equilibrio de áreas de desove y varias profundidades de hábitat para los peces. Luego estaba todo el asunto de financiar el proyecto. Horas y horas, día tras día, de llamadas telefónicas e investigación y planificación y reuniones.

Cuando llegó el día para comenzar a trabajar en el proyecto, la vista era incalculable. Los topógrafos, ingenieros, hombres de tierra, operadores de rastrillo, excavadoras, volquetas, madereros se soltaron en este bloque de tierra. Miles de yardas de tierra tuvieron que ser movidas. Durante los primeros seis meses, volquetas tras volquetas tras volquetas alejaron la suciedad. Los rastrillos, excavadoras y *bulldozers* trabajaron desde que salía la luz del día hasta la oscuridad. Los árboles fueron cortados y vendidos, algunos fueron empujados en enormes pilas en el fondo del lago. Se cortaron trincheras profundas en el lago, se construyeron montículos, cargas y cargas de tubos de concreto y espigón. Día a día, la presa comenzó a surgir y el diseño de los lotes comenzó a tomar forma.

Tuve el privilegio de estar en medio de todo durante varios meses. Vi el proyecto pasar de la cabeza al papel a la realidad de tierra a través del arduo trabajo de hombres y máquinas. Siempre hacía calor. Siempre había sudor y frustración, algo siempre iba mal o se rompía, pero en todo y a través de todo, había una alegría inconfundible.

Los hombres adultos trabajaban muy duro poniéndole el alma, todos los días, día tras día, cubiertos de polvo, grasa y mugre. Realmente les encantaba su trabajo. De alguna manera, sabían que a pesar del hecho de que no tenían posiciones ejecutivas de alta potencia, en lo que estaban involucrados era importante, real, valioso. Casi todos los días pensaba en el hecho de que en el futuro cercano el proyecto se convertiría en un vecindario con casas y niños jugando y personas que disfrutan de la gran pesca, y algunas detenidas por un momento o dos para decir gracias a Dios por tal lugar.

Un día estaba hablando con el hombre de tierra, que es el

hombre a cargo de todo lo que tenía que ver con la tierra, desde las carreteras hasta las trincheras en el lago, desde las líneas de lote hasta la presa. Me cayó bien de inmediato. Era fuerte, obstinado y lleno de vida. No sé si he conocido a un hombre que amara tanto lo que hacía. Estábamos tomando un descanso del calor y discutiendo algunas de las características de diseño del lago. Me preguntó qué hago para ganarme la vida. Sabía que en el momento en que le dijera que estaba involucrado en el ministerio, toda la conversación terminaría. Así que llegué desde la puerta de atrás. Le dije que era escritor. Por supuesto que me preguntó sobre qué escribía. Le dije que estaba trabajando en un nuevo libro sobre cómo Dios se relaciona con este proyecto del lago.

Estaba aturdido y me miró como una vaca mirando una nueva puerta, para tomar prestada una expresión de Lutero. Me preguntó de qué demonios estaba hablando. Así que me lancé a mi explicación de cómo Dios no era un viejo y aburrido tipo religioso en el cielo mirándonos para ver si mantenemos sus reglas. Dios vive como Padre, Hijo y Espíritu en un círculo de vida creativa, compañerismo y alegría. Me mudé rápidamente a la segunda parte sobre cómo lo que estamos haciendo en el proyecto del lago participa en esa creatividad y compañerismo. Dios no necesita que pensemos en este lago o que lo diseñemos, lo financiemos, o lo construyamos. La idea, el diseño, el pensamiento, el trabajo, comienza con el Padre, el Hijo y el Espíritu. Pero, si bien el Padre, el Hijo y el Espíritu no nos necesitan, les encanta compartir lo que están haciendo con nosotros, incluirnos en sus planes y darnos un lugar en sus proyectos como las manos, los pies y los motores de tierra.

Llegué hasta allí, ya que el hombre me cortó y se lanzó a

su propio sermón. Atrapó la visión de inmediato y estaba en funcionamiento. Dijo que entendía lo que estaba diciendo y siempre sospechaba que esta era la verdad de las cosas. No necesariamente entendía la Trinidad, pero instintivamente entendía la idea de la participación, la dignidad y la alegría de todo, y sabía que esta alegría y la dignidad tenían su origen fuera de uno mismo.

Al día siguiente, llevé a los niños a la escuela, y mientras esperábamos en la línea del automóvil, un camión de leche nos pasó y se detuvo a una puerta lateral de la escuela. Un hombre de mediana edad saltó del camión y corrió hacia la parte trasera. Pude ver que estaba silbando. Lo vi descargar la jaula tras la jaula de leche y jugo de naranja. Una vez más, una secuencia de preguntas rodó por mi mente: "¿No es ese hombre más que el Conejito Eveready Energizer, una especie de robot que Dios hizo y conectó una batería, lo encendió y lo soltó para que hiciera lo suyo? ¿Es solo un hombre, solo un hombre de mediana edad que se gana la vida, o aquí está pasando más de lo que parece?"

Dios no necesita que este hombre entregue leche. No necesita a los ganaderos lecheros ni a los agricultores que cultivan los alimentos para las vacas lecheras. Para el caso, no necesita vacas lecheras. No necesita a los diseñadores de cajas, ni a los fabricantes de vidrio, ni a los trabajadores del automóvil o a los hombres en el Golfo que trabajan en plataformas petroleras para producir el gas para poner a andar el camión. No necesita mecánicos para mantener el camión en funcionamiento o las innumerables secretarias para mantener todo organizado y programado. No necesita que los maestros enseñen, o que los directores administren las escuelas, o que los cocineros cocinen los almuerzos o los hombres de mantenimiento mantengan todo en funcionamiento. No necesita que los policías mantengan el tráfico fluyendo y en orden. No necesita a la mujer sonriente que saluda a los niños cuando salen de los autos. No necesita las innumerables personalidades de radio para hacernos reír o los músicos para entretenernos mientras esperamos. No necesitaba que los ingenieros y arquitectos diseñen la escuela o a los trabajadores para construirla o a los taladores para cortar los árboles o los constructores para hacer los bloques de concreto, o los camioneros para conducir los camiones de cemento. No necesita a la dama que trabaja día tras día, limpiando y cortando pollos para alimentar a los niños. Ni siquiera necesita esposos y esposas para hacer los bebés. No sería ningún problema para el poder creativo del Padre, el Hijo y el Espíritu simplemente hablar, y todo lo sería. Pero el Padre, el Hijo y el Espíritu tienen que ver con la comunión y la vida compartida, y se deleitan en incluir a simples humanos en su trabajo. Y hay mucho más en un momento ordinario de un día ordinario en este planeta de lo que hemos imaginado.

Algunos de los hombres que trabajan en ese proyecto del lago y la mayoría de las personas a las que vi al día siguiente mientras dejaba a los niños sin duda irán a la iglesia el domingo. Y apuesto a que la mayoría dejará la iglesia sintiéndose culpable porque no está haciendo lo suficiente por Dios.

## Revisando la Encarnación

Tenemos que volver a la encarnación. Hemos visto que la encarnación del Hijo de Dios significa, ante todo, la venida de la vida Triuna de Dios a la existencia humana. Dios no solo fue, una divinidad desnuda y abstracta o un poder divino, que se hizo hombre. Era el Hijo amado, el Hijo eterno del Padre. Y no fue cualquier vida divina la que se instaló dentro de la existencia humana. Era nada menos que la eterna vida divina del Padre, Hijo y Espíritu. Lo que entró en nuestro mundo y en nuestra existencia humana en Jesucristo fue nada menos que la gran danza de la vida compartida por el Padre, el Hijo y el Espíritu. La vida de Jesucristo es, ante todo, la vivencia de esta vida trinitaria dentro de la existencia humana.

También hemos visto vivir esta vida trinitaria dentro de tres contextos específicos: Dentro de la piel de Adán y, por lo tanto, dentro de la existencia humana tal como ha sido devastada por la Caída; dentro del dominio y confusión y hostigamiento del mal; dentro de la relación del pacto entre Dios e Israel, y particularmente dentro del fracaso de Israel para responder a Dios en fidelidad al pacto y compañerismo. Y además, hemos visto cómo la vivencia de la vida trinitaria de Dios dentro de estos contextos significó guerra, dolor y sufrimiento y lágrimas por parte del Hijo encarnado, pero al final significó la gran conversión de la existencia humana adámica a Dios, la victoria plena, completa y viva sobre el mal, y el cumplimiento de la alianza de comunión entre Dios y los seres humanos.

Pero ahora debemos regresar y mirar la encarnación, el vivir esta vida trinitaria, una vez más. Debemos volver atrás y prestar atención una vez más a lo que sucedió cuando esta gran danza de vida compartida por el Padre, el Hijo y el Espíritu se instaló y se desarrolló en el interior de la existencia humana. Como mínimo, lo que descubrimos, cuando nos detenemos a pensar en ello, es que hubo un momento en la historia humana en el que la carpintería era más que una mera empresa humana.

¿Qué debemos hacer con el hecho de que el Hijo de Dios vivió su filiación, su vida divina, lo hizo como carpintero? Piense en las horas y horas pasadas en el taller, los años de aprendizaje, los días y meses y años martillando y cortando y tallando y lijando. ¿Qué vamos a hacer con el hecho de que la gran mayoría del tiempo de Dios en la tierra se dedicó a tal actividad ordinaria y mundana? ¿Alguna vez has pensado en eso? La mayor parte del tiempo de Dios en la tierra no se dedicó a lo que la gente llama ministerio de "tiempo completo". El Hijo encarnado pasó más tiempo haciendo cosas con sus manos que predicando.

Cuando te detienes a pensarlo, cuando la vida trinitaria de Dios se abrió camino en la existencia humana, todo era muy ordinario. Soy consciente de las cosas sobrenaturales que sucedieron en Jesús. Soy consciente de los asombrosos milagros. Pero me aventuraría a adivinar que el Hijo de Dios comió más comidas que milagros. Sé que el Hijo encarnado sanó a los enfermos, pero también sé que hizo muchas tablas. Tenía muchas conversaciones con gente normal, creció en una familia con hermanos, hermanas y primos, celebraba cumpleaños y asistía a fiestas.

Durante al menos un momento en la historia, la risa humana, el compartir humano, la compasión humana, el amor humano, el compañerismo humano, la camaradería y la unión fueron más que humanos. Durante al menos un momento en la historia, la carpintería y el placer de hacer cosas y ayudar a los demás, la excelencia humana y el orgullo y la alegría de la creatividad y el diseño y pasar del diseño al producto terminado, fueron más que meramente humanos. Eran la expresión viva de la humanidad de Dios, la expresión viva del Hijo encarnado viviendo su filiación divina, la expresión viva de un hombre totalmente bautizado en el Espíritu Santo.

## ¿La Encarnación Terminó?

La buena noticia es que la encarnación no ha terminado. El Hijo no volvió a algún tipo de estado divino inhumano sin cuerpo en la ascensión. No dejó atrás el manto de su humanidad cuando ascendió al Padre. Hoy, y por toda la eternidad, vive como el Hijo amado del Padre *encarnado*. Hoy, y por toda la eternidad, vive su filiación como ser humano. Hoy, y por toda la eternidad, Jesucristo participa en La Gran Danza como hombre. Y lo hace no como cualquier hombre, sino como mediador. Participa en la gran danza como aquel en quien está ligada toda la raza humana, como el punto de conexión, como la unión, entre la gran danza de la vida Trina y la existencia humana. Continúa viviendo su filiación, hoy y siempre, como ser humano; simplemente no lo hace solo, sino en unión con nosotros, en y a través de nosotros, en y a través de nuestro trabajo, juego y jardinería, en y a través de nuestras relaciones, nuestras amistades, nuestros matrimonios y el romance, en y a través de nuestra medicina, enseñanza y carpintería, en y a través de nuestro lago diseñando y moviendo tierra, en ya través de nuestro trabajo social e investigando y estudiando y salvando ballenas.

Es demasiado humano para que lo entendamos, demasiado cercano, demasiado real, demasiado común para que lo veamos. Jesús se ha convertido en tal espectador, que nos mira desde la distancia, que no tenemos idea de quiénes somos y qué está pasando en nuestra vida ordinaria. Estamos tan ocupados buscando lo sobrenatural que no podemos verlo cuando nos está mirando a la cara. ¿Creemos honestamente que nuestro amor por nuestros hijos, nuestro deleite en las flores y la jardinería, nuestra creatividad y perspicacia, nuestra preocupación por los demás y nuestras lágrimas tienen su origen en nuestros propios corazones?

Hace varios años paré a 12 niños pequeños en un montículo de lanzamiento de béisbol. La mayoría de ellos no sabía mucho sobre béisbol, pero estaban atrapados en él. Pude ver el entusiasmo en sus ojos, la determinación. Vi su camaradería y compañerismo. Y me encantaba estar en el medio. Pero dentro de mí había un pequeño combate de lucha libre. Una parte de mí estaba emocionada, la otra parte de mí se sentía culpable. En ese momento yo era pastor y me sentía culpable de estar divirtiéndome tanto haciendo algo tan secular. Debería estar orando por la gente, visitando a los enfermos o trabajando en mi sermón, al menos hablando con estos niños tratando de salvarlos. Justo en medio de ese combate de lucha libre, el Señor me habló. Baxter, no te atrevas a perderte esto. No te pierdas lo que está pasando aquí en este campo con estos 12 chicos. Baxter, hay más de mi gloria aquí, más de mi vida y el compañerismo que comparto con mi Padre, más del Espíritu de filiación y la danza fluida de la Trinidad en este campo, de lo que jamás hayas visto en esos servicios estériles de la iglesia. Baxter, no seas ciego. La gran danza está presente, no ausente.

Jesucristo ciertamente está viviendo su filiación, su gran baile de vida y comunión con su Padre, su bautismo en el Espíritu, pero no lo vive solo, lo vive a través de nosotros y de nuestra vida humana ordinaria. Y es *por eso* que amamos tanto la vida. Por eso nos encanta el béisbol y la jardinería, la pesca, las comidas al aire libre y tomar café juntos. Por eso nos encantan los proyectos de diseño y construcción de lagos. Por eso amamos la risa, el compañerismo, el romance y el sexo. Por eso nos encantan los coches de aventura y carreras y cuidar de los animales. El Padre, el Hijo y el Espíritu no viven sin nosotros su gran danza de la vida. La gran danza del Dios Triuno es el río que lo atraviesa todo. Y es bueno.

## Fe Cristiana

La fe cristiana no es algo que hacemos que nos conecta con Dios o nos mete en el círculo de la vida compartida por el Padre, el Hijo y el Espíritu. Jesucristo ha hecho eso. La fe no es algo que hacemos que nos mueve de la columna de los no perdonados a la columna de los perdonados. Eso fue hecho en Jesús. La fe no es algo que hacemos para reconciliarnos, justificarnos, incluirnos, adoptarnos, redimirnos, salvarnos. Jesucristo ya ha hecho todo eso. El carácter fundamental de la fe cristiana es el del descubrimiento. La fe, como dijo Lutero en alguna parte, es como el ojo. No crea lo que ve; ve lo que hay.

La fe cristiana es ante todo el descubrimiento de lo que el Padre, el Hijo y el Espíritu han hecho del género humano en Jesucristo. La fe es el descubrimiento de que allí y entonces en Jesucristo fuimos reconciliados, salvados, adoptados; allí y entonces en Jesucristo fuimos limpiados y nacidos de nuevo, recreados y llevados de vuelta al Padre; y allí mismo en Jesucristo fuimos acogidos por Dios Padre todopoderoso, abrazados, aceptados, incluidos en el círculo de la vida. La fe cristiana es ante todo un descubrimiento de la verdad en Jesús, la verdad sobre Dios y la verdad sobre nosotros mismos, la verdad de nuestra identidad, de lo que somos, un descubrimiento del hecho de que el Padre, el Hijo y el Espíritu no viven su danza de la vida sin nosotros.

Y ese es un descubrimiento que nos ordena creerlo como verdad y repensar todo lo que creíamos saber sobre nosotros mismos y los demás y nuestras vidas y las de ellos. Ese es un descubrimiento que nos ordena vivir en la dignidad y el gozo y la libertad de la verdad y no reconocer a nadie según la carne, como lo expresó Pablo,[41] como un "simple humano". Porque, como dice Lewis, "No hay gente común".[42]

---

41  Véase 2 Corintios 5:16.
42  C. S. Lewis, "El Peso de Gloria," en *El Peso de Gloria y Otras Direcciones* (New York: Simon & Schuster, Un libro de Touchstone, 1996), pág. 39.

## Capítulo 4

# Leyendas en Nuestras Propias Mentes:

## *La Oscuridad y Cómo se Distorciona la Danza*

*Mucha gente anda por ahí con una vida sin sentido. Parecen medio dormidos, incluso cuando están ocupados haciendo cosas que consideran importantes. Esto se debe a que están persiguiendo las cosas equivocadas.* — Morrie Schwartz[43]

*La vida del hombre se convierte en una cadena ininterrumpida de movimientos dictada por su ansioso deseo de seguridades...*— Karl Barth[44]

Detrás del universo y de la raza humana se encuentra la asombrosa filantropía del Dios Triuno. En pura gracia, el Padre, el Hijo y el Espíritu han elegido no vivir su gran danza de la vida sin nosotros. Han elegido no acumular su gloria, sino compartirla, compartir su compañerismo y camaradería, su amor y risa, su creatividad y dignidad y excelencia con nosotros, para vivirlo todo

---

43  Mitch Albom, *Martes con Morrie* (New York: Doubleday, 1997), pág. 43.
44  Karl Barth, *Dogmática de la Iglesia* (Edimburgo: T & T Clark, 1958), IV/2, pág. 469

en unión con la raza humana.

La gran danza extendida a nosotros en Jesucristo es el secreto de nuestra maternidad y paternidad, de nuestros amores y delicias y alegrías. Es la gloria del trabajo, de construir lagos y pintar casas, de hacer las compras y preparar la cena. Es la alegría del béisbol y el alma de todo lo bueno de la vida, de la música y la risa, de la amistad y el compañerismo. La gran danza de la vida compartida por el Padre, el Hijo y el Espíritu es el misterio que se mueve detrás de las escenas de nuestras vidas, el río invisible que corre a través de nuestras almas y de todas las cosas.

He subrayado que no se trata de una meta a alcanzar ni de un sueño a conseguir. Sino que así son las cosas. No hay dos mundos o dos razas humanas, una que fue creada por la Trinidad y comparte la gran danza y otra que es simplemente humana, ordinaria, secular. Solo hay una raza humana, y esa es la raza humana que ha sido atraída dentro del círculo de la Trinidad en Jesucristo. Por lo tanto, no hay nada ordinario en absoluto acerca de nuestra existencia humana. Está impregnada de la relación del Padre, Hijo y Espíritu.

Este asombroso regalo, esta unión, esta vida compartida con nosotros en Jesucristo, no significa que nos convertimos en Dios o que Dios se convierte en nosotros. Esa sería nuestra ruina, porque significaría que nos hemos vuelto tan absortos en Dios que no queda ningún "nosotros" para compartir la danza. Ese es el problema perenne del panteísmo: colapsa la conexión entre Dios y el mundo en una sola entidad, de modo que el mundo, para todos los efectos prácticos, se desvanece. Los seres humanos pierden su identidad personal distinta como lo hace una gota de agua cuando cae en un río. En la otra cara de la moneda está el deísmo, que separa a Dios de los seres humanos. Mientras que el panteísmo pierde la distinción entre Dios y el mundo, el deísmo pierde cualquier conexión o relación significativa entre ellos. Con el deísmo, Dios es un espectador que nos mira desde la distancia, y la existencia humana es meramente humana, y por lo tanto verdaderamente vacía, sin sentido y temporal. Con el panteísmo, los seres humanos no son mucho más que computadoras con software divino. Con el deísmo, somos meras variaciones del tema del conejito Eveready Energizer, excepto que en algún momento nuestra batería se agotará.

Lo interesante es que tanto el panteísmo como el deísmo terminan en el mismo desastre: una humanidad que está verdaderamente perdida, ya sea por una separación radical de Dios y, por lo tanto, un eventual no ser, o por una fusión total con lo divino y, por lo tanto, la felicidad eterna, pero la felicidad nunca la *conoceremos*. El genio de la Trinidad es encontrar una manera de darnos un lugar real en la vida trinitaria sin perdernos en el proceso. Estamos conectados con la Trinidad, pero no absorbidos; unidos, pero para siempre e irreductiblemente distintos. Por lo tanto, no somos ni computadoras ni formas de vida biológica independientes. Somos participantes genuinos en la vida de Dios.

Sin esta unión, la raza humana simplemente se evaporaría, al igual que todo lo bueno, noble y hermoso de la existencia humana: todo el amor y la pasión, toda la creatividad y la alegría, toda la aventura y el aprendizaje, todo. La unión, forjada en Jesucristo, nos da un lugar en la vida trinitaria, y así estamos vivos y hay una vida real para vivir. Y la distinción significa que hay un "nosotros" genuino aquí para experimentarlo. Fue un movimiento fastuoso y brillante de parte de Dios. Y al parecer, dado que el deseo divino era extendernos la danza, el único movimiento a realizar. Pero también fue un movimiento plagado de riesgos. Mientras que la unión nos da existencia y un lugar en la gran danza, y la distinción significa que hay un "nosotros" alrededor para probarlo, sentirlo y conocerlo, la distinción es también la grieta en la puerta que puede dejar entrar a la serpiente. Sin la distinción, todo está tan fusionado con Dios que todos perdemos nuestra identidad personal. De modo que la distinción salvaguarda nuestra participación genuina. Pero la distinción irreductible también establece la posibilidad de que no entendamos el punto. Establece la posibilidad de confusión de nuestra parte, confusión grave, creencia equivocada, y por tanto la posibilidad de perversión y adulteración de nuestro verdadero ser y vida. Es posible, debido a que somos genuinamente distintos de Dios, que estemos tan confundidos acerca de quiénes somos que, sin darnos cuenta, trabajemos en contra de nuestros mismos seres y les hagamos violencia.

El gran problema que enfrentamos como seres humanos no es que nos hayan dejado fuera del círculo, rechazados o abandonados o excluidos de la gran danza de la vida. Porque en Jesucristo, el Dios Triuno nos buscó en el universo y nos encontró, eliminó toda alienación y nos trajo a casa. El gran problema que enfrentamos es la posibilidad de la oscuridad y lo que la oscuridad le hace a nuestra participación en la vida de la Trinidad, lo que le hacemos a la gran danza en nuestra oscuridad.

## La Trama Siniestra

En el prefacio original de *Cartas del diablo a su sobrino*, C. S. Lewis dice que los seres humanos cometemos dos errores con respecto al demonio. O descartamos la noción del diablo, o del mal, como algo mítico o primitivo, o le prestamos demasiada atención.[45] Hasta donde sabemos, el diablo es un ángel caído y es real, no real como lo son el Padre, el Hijo y el Espíritu, sino real y peligroso para ti y para mí. Al final, el diablo no es más que el Mago de Oz, un anciano obrando una gran ilusión. Pero es una ilusión que puede y nos esclaviza a todos y causa estragos en nuestras vidas aquí en la tierra. Es inconcebible, pero el maligno odia a la Trinidad. Él odia la Gran Danza. Y por encima de todo, desprecia ver la danza del Padre, del Hijo y del Espíritu desarrollándose en la tierra, en ti y en mí. El objetivo del maligno, de Diabolos, es destruir la danza de la vida compartida por el Padre, el Hijo y el Espíritu en este planeta.

El maligno no puede cambiar los hechos. Él no puede alcanzar el círculo y arrancarnos de los brazos del Padre. Él no es igual al Dios Triuno. Él no puede romper la unión entre nosotros y la vida trinitaria forjada en Jesucristo. No puede alterar la conexión. Tampoco puede crear otra raza humana que sería suya y existiría sin conexión con la Trinidad.

Sólo hay una raza humana, y esa es la raza humana ligada a la vida de la Trinidad en Jesucristo. El maligno se limita a la posibilidad de pervertir o distorsionar o envenenar nuestra participación en la vida Triuna. Y no puede hacer eso sin nuestro permiso, sin nuestra decisión, sin nuestra elección. Su estrategia es confundirnos para que sin darnos cuenta, pero deliberadamente, trabajemos y actuemos en contra de nuestra participación en la gran danza de la vida. Su esfera de operación es el "tú" irreductible y específicamente, tu mente. Sus esquemas están calculados

---

45  C. S. Lewis, *Cartas del Diablo a su Sobrino* (New York: Simon and Schuster, Touchstone Edition, 1996), pág. 15.

para engañar. Y el objetivo exacto de sus esquemas es nuestra comprensión de quiénes somos, nuestra identidad.

Puedo imaginar un memorando, al estilo de Cartas a su sobrino, enviado por el mismo Diabolos a todos sus subordinados que dice: "Hagas lo que hagas, asegúrate de que funcione para cegar a los seres humanos sobre su verdadera identidad. Que sigan sus nociones de espiritualidad y hablen de Dios, incluso de Jesucristo, si es necesario, pero que no vean que Jesucristo los ha agarrado y llevado a su Padre. No dejes que vean que Él los ha atraído dentro del círculo y les ha dado un lugar en la gran danza. Mantenlos en la oscuridad acerca de su identidad. Cuando los confundes acerca de su verdadera identidad en Cristo, pierden de vista su propósito, pierden de vista el significado y la dignidad de sus vidas. Entonces los tienes. Todo lo que tienes que hacer es sugerir que lo que buscan está aquí en esta persona, este nuevo trabajo, esta promoción, este auto, este dinero, esta aventura sexual. Como un ave martín a una calabaza, correrán directamente a la idolatría. Y la gloria que se les ha dado se pervertirá en vacío y contienda, la gran danza se distorsionará, se cerrará".

Nuestro gran problema como seres humanos no es que nos hayan dejado fuera del círculo; nuestro gran problema es que no tenemos idea de quiénes somos y qué ha sido de nosotros en Jesucristo. Hemos sido embaucados, engañados acerca de Jesús y de nosotros mismos. Nos han vendido una lista de bienes, nos han mentido, nos han confundido. Hemos subestimado a Jesucristo. Y como resultado, hemos juzgado mal quiénes somos y lo que realmente sucede en nuestra vida cotidiana.

Subestimar a Jesucristo y, por lo tanto, malinterpretar quiénes somos, ha resultado en la transformación de todo el mundo occidental en una cultura de ansiedad y dolor. Esos dos errores de juicio han llevado a Europa, Estados Unidos y Australia a una crisis de identidad masiva ya una carrera loca y frenética para inventar una nueva identidad. Esos dos errores de juicio te han dejado con una profunda e intensa ansiedad que te ha enviado a un viaje para encontrarte a ti mismo, y en el proceso te estás perdiendo tu verdadera gloria y tu verdadera vida en Cristo.

El mundo occidental es saludable, poderoso y educado. Estamos bendecidos con enormes comodidades y lujos, la abundancia de todo bien concebible. Pero hemos perdido la libertad de disfrutarlo. Estamos muy ansiosos y frenéticos, muy ocupados tratando de encontrarnos a nosotros mismos y nuestro propósito, miramos más allá de nuestra verdadera gloria y ni siquiera la vemos, y mucho menos la disfrutamos.

Somos como el niño de la feria que de repente se da cuenta de que lo han separado de sus padres y está perdido. Está en medio de todo lo que un niño sueña: atracciones, juegos y premios, animales de peluche, algodón de azúcar, pero está tan destrozado por dentro que ni siquiera puede ver la feria y ha perdido hasta la última gota de libertad para disfrutarla.

Nuestro gran problema como seres humanos no es que nos hayan dejado fuera. Nuestro gran problema es que no tenemos idea de quiénes somos. Una confusión cobarde se ha instalado a nuestro alrededor y no podemos ver lo que está justo en frente de nuestros ojos. O lo vemos, pero no podemos verlo por lo que es. Por eso Pablo ora en Efesios 1 para que el Padre de la gloria nos dé el Espíritu de revelación para que los ojos de nuestro corazón sean iluminados, para que podamos ver, saber, entender quiénes somos y la gloria y dignidad y plenitud que nos ha sido dada en

Jesucristo.

## Un cuento de Ceguera

Permítanme contarles una historia de la novela de C. S. Lewis, *Mientras no tengamos rostro*,[46] que nos ayudará a entender nuestro problema. La historia de Lewis se desarrolla en la antigüedad y gira principalmente en torno a dos hermanas: Orual y Psyche. Son princesas en el Reino de Glome, que está en algún lugar cerca de la antigua Grecia. Todo está bien en el reino. La vida es buena. Pero luego hay una serie de hambrunas, y el Sacerdote de la diosa Ungit acude al Rey con la horrible noticia de que Psyche debe ser sacrificada a la diosa.

En unos pocos días, Psyche es drogada y todo el reino forma una procesión sagrada hacia el árbol sagrado, al que Psyche es encadenada y dejada para ser devorada por el monstruo Shadowbrute. Varios días después, Orual, afligida por el dolor, viaja al árbol sagrado, decidida a dar a los restos de Psyche un entierro adecuado. Finalmente, llega allí, solo para descubrir que no hay señales de Psyche. No hay sangre, ni huesos, ni fragmentos de ropa rasgados, nada. Se aleja hacia el río, afligida. Allí, debajo de una hoja, descubre el anillo de rubí de Psyche. Lo levanta y está tratando de entender lo que puede significar cuando escucha una voz. Mira hacia arriba y allí, al otro lado del río, ¡está Psyche!

Orual está asombrada. No sabe qué pensar. ¿Podría ser Psyche? No, debe ser un fantasma. Pero no, es Psyche, radiante y bella, más bella que nunca. Pero debe ser un sueño, una terrible treta de

---

46 C. S. Lewis, *Hasta que tengamos Caras* (New York: Harcourt, Brace and Javanovich, Publishers, 1980). Véase también capítulo 13: "Cómo los Enanos se Negaron a ser Acogidos" en *Las Crónicas de narnia*, vol. 7: *La Última Batalla* (New York, Collier Books: Macmillan Publishing Company, 1956) y también el brillante libro de Lewis, *El Gran Divorcio* (New York, Collier Books: Macmillan Publishing Company, 1946).

los dioses. Psyche está muerta, devorada por el horrible monstruo Shadowbrute.

Orual cruza el río y corre a abrazar a su hermana. No es un sueño: Psyche está viva y bien. Después de un largo abrazo, Psyche le cuenta a Orual su historia de cómo el dios del viento del oeste la salvó del Monstruo de las sombras y la trajo para que fuera su novia y viviera en su gran palacio. Orual, tan emocionada de tener a Psyche de regreso y asumiendo que el trauma la había engañado, escucha su historia como una madre escucha un cuento de su hijo.

Psyche conduce a Orual unos metros más allá para sentarse en un arbusto. Siendo siempre la más cálida de las anfitrionas, le sirve una copa de vino a Orual, el vino más selecto en la copa más exquisita. Le pregunta a Orual si le gusta la copa. Orual asiente y Psyche le da la copa como regalo. Pero la verdad es que en lugar de un vino selecto y una hermosa copa, Orual solo ve a Psyche ahuecar sus manos y darle un trago de agua de un pozo cercano. Todavía cree que Psyche está traumatizada y está tan emocionada de tenerla de vuelta que le sigue el juego. Pero la historia de Psyche sobre dioses y palacios y estar vestida con los vestidos más hermosos continúa. Orual no ve palacio, ni galas, sólo ve a Psyche vestida con harapos, no con un vestido espléndido.

Al final, Orual no puede soportarlo más. Si lo que dice Psyche es cierto, entonces está más ciega que un murciélago y lo ha estado toda su vida. Entonces acusa a Psyche de jugar con ella y exige que su hermana le muestre el palacio.

Orual queda desconcertada cuando Psyche responde a su demanda con un asentimiento encantador y una sonrisa ansiosa. "Por su puesto que lo hare. Entremos." Orual levanta las manos con exasperación, como si dijera: "¡Ya es suficiente!" Pero se muerde el labio y decide seguirle el juego una vez más y pregunta si está lejos del palacio. Con eso, Psyche se vuelve y mira con asombro a Orual. "¿Lejos de dónde?" pregunta Psique. "¡Al palacio!", grita Orual, "¡a la casa de vuestro dios!".

"Orual", dice Psyche, comenzando a temblar, "¿Qué quieres decir con que está lejos?" Con esto, Orual se asusta, aunque todavía no tiene noción de la verdad. "¿Significar?" ella pregunta. "¿Dónde está el palacio? ¿Hasta dónde tenemos que ir para alcanzarlo? "

Psyche comienza a llorar. A través de sus lágrimas y temblores, mira fijamente a los ojos de Orual. "¡Pero esto es todo, Orual! ¿No puedes verlo? Estás parada en las escaleras de la gran puerta." [47]

Allí están las dos, juntas más allá de todos los sueños y contra viento y marea. Psyche es bastante real. Ella no es un sueño. Pero Orual no ve palacio, ni grandes escaleras, ni vino, ni copa, ni vestidos; sólo árboles y arbustos y un estanque y unas pocas piedras extrañas.

En deferencia a las reglas de los dioses, Orual tiene que acampar al otro lado del río para pasar la noche. Justo al anochecer, camina hacia el río para tomar un último trago de agua y mirar por última vez a través de la niebla sobre el agua. Y luego, dice: "Vi lo que me puso el corazón en la garganta". Ante sus propios ojos estaba el palacio, vasto, antiguo y hermoso, "muro tras muro, pilar y arco y friso, acres de él, una belleza laberíntica".[48]

Pero el vislumbre no dura. El gran palacio desaparece de su vista, y Orual vuelve a caer en la cordura de su visión natural. Al final, a pesar de su breve visión del hermoso palacio, y a pesar de su claro conocimiento de la vida y el resplandor de Psyche, Orual

---

47  Lewis, *Hasta que tengamos Caras*, págs. 115-116.
48  Lewis, *Hasta que tengamos Caras*, pág. 132.

decide que Psyche está loca y se va, de regreso a Glome.

## La Lógica de la Oscuridad

Sería difícil imaginar una escena más conmovedora o trágica. Orual estaba tan cerca de la verdad, pero tan lejos de ella. Estaba justo en el meollo de las cosas, pero nunca pudo entenderlo del todo. Todo era tan vago, tan misterioso, tan enigmático, tan anormal para ella, como una ilusión óptica que aparecía y desaparecía al azar. Tan pronto como lo vio, desapareció, y no tenía idea de qué lo hizo aparecer o qué lo hizo desaparecer o incluso si era real.

Es fundamental señalar que el problema aquí no es de ausencia. El reino estaba muy presente, y Orual estaba muy incluida en él. No podía haber estado más cerca de él de lo que estaba. Pero ella no podía ver bien. Ella no tenía el tipo correcto de ojos. Un velo siniestro y diabólico cubría sus ojos.

En la Biblia esto se llama ceguera espiritual. Es un trastorno de lo que la Biblia llama "los ojos del corazón". Es un problema de discernimiento, una incapacidad para percibir y comprender lo que realmente está sucediendo en la vida. No se origina en nosotros, sino en el maligno. Pero la Biblia nos dice que todos sufrimos de este trastorno. Cada uno de nosotros sufre del velo. Somos Orual. ¡Todos sufrimos de Glomitis aguda! Miramos la gloria de Dios a la cara, pero nuestra visión es tan torcida que nunca la vemos.

Nuestra ceguera es bastante desastrosa, pero eso es solo el comienzo de nuestro problema. Porque actuamos desde nuestra ceguera. Vivimos de la manera en que entendemos las cosas, de nuestro entendimiento oscurecido. Reaccionamos y respondemos desde nuestra confusión. Y cuando lo hacemos, la gloria de Dios que se nos ha dado, nuestra vida en Cristo, nuestra participación en la gran danza, es distorsionada, sofocada, mal utilizada. Hacemos violencia a nuestras verdaderas vidas sin siquiera saberlo.

¿Qué sucede cuando no vemos nuestra verdadera gloria en Jesucristo? ¿Qué hacemos cuando nos vemos solos, afuera, cuando no tenemos idea del verdadero Jesucristo ni de la gran danza y nuestra inclusión en ella? ¿Qué sucede cuando surge la confusión y no comprendemos quiénes somos? Un patrón definido y perceptible del comportamiento humano sigue a la confusión espiritual. La confusión conduce al anhelo, y el anhelo conduce a la búsqueda, y la búsqueda conduce a la invención, y la invención conduce al vacío, un vacío cada vez mayor.

Dentro de todos nosotros se agita un implacable deseo de encontrar un hogar. Estamos hechos para el gran baile y lo sabemos, y estamos acosados por un anhelo incontenible por su alegría. El anhelo parece inconsolable. Produce una desesperación silenciosa dentro de nosotros, y la desesperación silenciosa nos impulsa a buscar nuestro verdadero hogar. Estamos convencidos de que "no somos" y estamos impulsados a encontrar una manera de "convertirnos". La mayoría de nosotros, sospecho, no tenemos idea de cuán profunda y querida es la búsqueda para nosotros o cómo nos impulsa por completo. Pero, ¿qué pasa cuando no encuentras lo que buscas? ¿Qué sucede cuando tu búsqueda te lleva por un callejón sin salida tras otro? Es entonces cuando pasamos de buscar a inventar. Porque cuando no encuentras lo que anhelas, lo inventas. Cuando no puedes ver la gloria que se nos ha dado en Jesucristo, te propones crear una gloria que puedas ver. Cuando no puedes escuchar la música del gran baile, te propones escribir tu propia música. ¿Y qué sucede cuando nuestra gloria inventada resulta estar vacía? ¿Qué sucede cuando nuestra música no conduce al baile real? Nos quedamos vacíos, tristes y solos, deprimidos, enojados y cínicos, y la gran danza de la vida que se nos ha dado para compartir se distorsiona más allá del reconocimiento.

## El Sueño

Permítanme transmitir aquí un sueño que nos ayuda a ver la lógica de la forma en que se desarrolla la oscuridad. En el sueño, prácticamente todos los días al mediodía, un hombre alto y delgado de unos 55 años con una barba impecablemente cuidada se dirigía al parque local. Allí se paraba desnudo en un lugar en medio de grandes robles antiguos y realizaba un ritual con los movimientos más extravagantes y extraños que he visto en mi vida. Parecía una versión de Barney Fife de *tae kwon do* en cámara lenta. Esto se prolongó durante semanas. Poco a poco, otros comenzaron a unirse a él, hasta que un día pareció que todo el pueblo estaba allí, siguiendo su ejemplo. Los movimientos seguían siendo extraños, pero estaban al unísono, religiosamente, lo que le daba al ritual una especie de curiosa belleza.

Al final, todo me superó y me acerqué para hablar con el hombre alto. Le pregunté qué estaba haciendo, qué estaban haciendo todos. Respondió, no a la ligera, sino con cuidado, y con una seriedad que traicionó una reflexión larga y seria: "Estamos tratando de crear vida". La respuesta me tomó por sorpresa, por decir lo menos, y no tuve la presencia de ánimo para responder. Simplemente me alejé, sintiéndome como te sientes cuando escuchas un sermón que suena maravilloso en la iglesia, pero nunca puedes entender el punto. Mi primera dirección de pensamiento consciente fue en este sentido: Tal vez me estaba perdiendo algo; tal vez la broma era para mí. Después de todo, ¿quién no quiere tener vida y quién está perfectamente contento con la forma en que va su vida? Tal vez este hombre sabe algo que yo no.

Tras reflexionar más, mi mente se centró en la palabra "crear". No había dicho: "Estamos tratando de entender la vida" o "Estamos tratando de entender cómo vivir la vida". Él había dicho: "Estamos tratando de crear vida". Esta es una distinción simple, pero enorme. Crear una cosa es de un orden completamente diferente a comprenderla o mejorarla. Crear algo significa que aún no está aquí y que lo estás invocando o trayendo a la existencia. La cosa está ausente y tú la quieres presente.

Pero, ¿y si aquello ya existe? ¿Y si ya está aquí, y en abundancia desbordante? ¿Y si el problema no es que aquello que deseamos esté ausente, sino que estamos ciegos a su presencia? En el caso del hombre alto y sus seguidores, ¿y si la vida que buscan ya está presente, pero no saben cómo verla? No pueden reconocerlo. Lo que el hombre realmente necesita no es un ritual de creación, sino una nueva receta para sus anteojos.

Volvemos a Orual y al problema de la ceguera, pero con una nueva vuelta de tuerca que es crítica. Lo que aquí se revela es la serie de tragedias que se generan por lo que nunca se ve. El hombre alto no ve la gloria de la vida a su alrededor; por lo tanto, diseña un ritual que puede crear una vida que él puede ver. Y se va dedicándose a sí mismo y su vida a su noble ritual y atrayendo a otros a su locura.

¿Y qué es lo que se está creando en este ritual? ¿Qué está produciendo realmente el ritual? ¿Es la vida? ¿Es el gran baile? ¿Es la verdadera gloria? ¿O es simplemente una ilusión, un holograma, una actividad impotente? ¿Y qué pasa con la pobre gente que abraza la retórica y la ilusión? ¿Qué pasa con las personas que se entregan a participar en su ritual, que depositan su esperanza en él y dan de su tiempo, energía y esfuerzo? ¿Se les da en última instancia lo que buscan, o todo el proceso los deja perdidos en lo real, cada vez más ajenos a la gloria real y, por lo tanto, cada vez más vacíos y miserables?

El hombre alto es una parábola de la situación humana. Cuando no vemos la gloria, inventamos una que podemos ver. Y nuestros inventos no son más que sofisticados hologramas. Ellos no son el verdadero dingo. No nos llevan a experimentar la gloria que nos ha sido dada en Jesucristo. De hecho, actúan en contra de nuestra verdadera vida en Cristo. Actúan en contra de nuestra participación en la danza de la Trinidad.

Nuestros inventos no son más que simples distracciones. Exacerban nuestra ceguera y crean dentro de nosotros una brecha entre lo que realmente somos en Cristo y lo que estamos haciendo de nosotros mismos. Crean una profunda incongruencia dentro de nosotros, una esquizofrenia espiritual. Está el verdadero "nosotros en Jesucristo", y ahora está "quienes pensamos que somos". Y está nuestra vida real en Cristo, y luego está la vida que estamos tratando de vivir. Cada paso que damos en la búsqueda de nuestros inventos profundiza la incongruencia. Cada paso en nuestro extraño ritual, en efecto, da actualidad, tamaño y realidad a nuestros "yoes falsos" y niega, estrangula y sofoca a nuestros "yoes verdaderos". Creamos una leyenda en nuestras propias mentes y la perseguimos, lo que sofoca el "verdadero nosotros" y nuestra "verdadera vida" y nos deja vacíos, tristes y solos.[49]

## Luz de la Oscuridad de la Señora Fidget

Uno de mis personajes favoritos en los escritos de C. S. Lewis es una dama de nombre Señora Fidget.

> Estoy pensando en la señora Fidget, que murió hace unos meses. Es realmente sorprendente cómo su familia ha alegrado a la Sra. Fidget, que muy a menudo decía que vivía para su familia. Y no era mentira. Todo el mundo en el barrio lo sabía. 'Ella vive para su familia', decían; ¡Qué esposa y madre! Ella lavaba toda la ropa; cierto, lo hizo mal, y se hubieran podido permitir enviarla a una lavandería, y con frecuencia le rogaban que no lo hiciera. Pero ella lo hacía. Siempre había un almuerzo caliente para cualquiera que estuviera en casa y siempre una comida caliente por la noche (incluso en pleno verano). Le imploraron que no proporcionara esto. Protestaban casi con lágrimas en los ojos (y con verdad) que les gustaban las comidas frías. No hizo ninguna diferencia. Vivía para su familia... Porque la Sra. Fidget, como solía decir, "trabajaría hasta la médula" por su familia. No pudieron detenerla. Tampoco podían, siendo

---

49 Note el comentario de Frederick Buechner, ". tratamos de convertirnos en algo que esperamos que al mundo le guste más de lo que aparentemente le gustó a los yos que éramos originalmente. Esa es la historia de todas nuestras vidas, no hace falta decirlo, y en el proceso de vivir esa historia, el yo original y brillante se entierra tan profundamente que la mayoría de nosotros terminamos sin vivirlo. En cambio, vivimos todos los otros yos que constantemente nos ponemos y quitamos como abrigos y sombreros contra el clima del mundo" (*Contando Secretos*, [San Francisco: Harper, 1991] pág. 45)

gente decente, quedarse quietos y verla hacerlo. Tenían que ayudar. De hecho, siempre tenían que ayudar. Es decir, hacían cosas por ella para ayudarla a hacer cosas por ellos que ellos no querían que se hicieran.[50]

El problema de la Sra. Fidget no era el matrimonio, ni las relaciones, ni la maternidad. El problema de la Sra. Fidget era la forma en que se veía a sí misma.

El maligno le había susurrado al oído que ella no era especial, que no era aceptable como era, que no era lo suficientemente buena. Él susurró sus mentiras en su oído de que ella estaba en el lado equivocado de la puerta de la gloria y la vida, afuera, excluida del trato real. Y ella creyó su susurro. Ella creía que "no era". Así que soñó un sueño de "convertirse". ¿Que hizo ella? Inventó un ideal, una leyenda en su propia mente. Ella creía que si podía alcanzar el ideal, entonces se convertiría, entonces sería aceptable, entonces estaría viva con vida, en el interior de la gloria.

¿Ves cómo funciona eso? La Sra. Fidget no amaba a su familia. Se amaba a sí misma y a su sueño. No era su familia lo que significaba el mundo para ella; era su ideal, su leyenda. Ella no trabajaba hasta los huesos por su familia. Trabajaba sus dedos hasta el hueso por su sueño de convertirse. Su visión significaba todo para ella, estaba atada a ella, esclavizada por ella. Arrastró a su familia a su oscuridad, los manipuló para que participaran con ella en su leyenda, independientemente de lo que quisieran y necesitaran. Y la danza de la Trinidad dada a ella y su familia, su verdadera gloria, fue envenenada, sofocada, apagada, hasta el

---

50 C. S. Lewis, *Los Cuatro Amores* (New York: Harcourt Brance and Company, Un Libro de Harvest, Reimoreso 1991), págs. 48-50

punto de que su familia "se animó" cuando ella finalmente se fue.

## La. Señora Fidget y la Raza Humana

La Sra. Fidget, así como el hombre alto, es una imagen de la raza humana, de usted y de mí. Lo que le sucedió a ella es una imagen de lo que nos sucede a nosotros en nuestra oscuridad. Caemos en las mentiras del maligno. Creemos en su susurro que "no somos", no somos aceptables, no somos especiales, no somos significativos, no estamos dentro de la gloria, no somos parte del trato real, no estamos vivos con vida, todavía no estamos "allí". Así que hacemos lo que hizo la Sra. Fidget. Inventamos una gloria, un ideal, una leyenda en nuestra propia mente, soñamos un sueño que creemos que nos dará vida. Evocamos una identidad que creemos resolverá el enigma de nuestras vidas. La Biblia lo llama "idolatría", porque lo que estamos inventando es nada menos que un dios de algún tipo que creemos que nos dará lo que no tenemos.

La mayoría de la gente, sospecho, no tiene idea de lo que está pasando dentro de ellos. Ellos no saben sobre el susurro. No conocen el engaño y no saben que están tratando de reinventarse y vivir vidas legendarias. Y la mayoría de la gente ciertamente no piensa en sí misma como si estuviera en cautiverio. La Sra. Fidget no lo hizo. Se había convencido a sí misma de que vivía para su familia. Pero ella no lo estaba haciendo. Vivía por su sueño y, en el proceso, cancelaba la danza de la Trinidad que se le había dado a ella y a su familia.

Una joven se casa con estrellas en los ojos. Sin saber lo que hace, pone todas sus esperanzas en su marido. Ella ha creído la mentira de que ella "no es", y está recurriendo a su esposo y su matrimonio para "convertirse". Está inventando una relación que cree que la hará vivir e impone esa leyenda a su marido. Al principio, hace todo lo que puede para satisfacer sus necesidades, como hacen la mayoría de los maridos jóvenes. Le hace sentir muy bien ser tan necesitado. Él da todo lo que tiene. Pero extrañamente nunca es realmente suficiente. Realmente nunca funciona. Durante los primeros años, él se esfuerza más y ella sigue esperando que las cosas cambien con el tiempo, que su matrimonio se convierta en lo que ella ha soñado que sea. Pero a medida que pasa el tiempo, siente una presión increíble e insoportable. Se siente atrapado. Sea lo que sea que se supone que él es para ella, no puede serlo. Se siente poco importante, subestimada, menospreciada y, por lo tanto, enfadada y frustrada. El baile está en cortocircuito.

Con toda probabilidad, ella lleva su sensación de insignificancia y enojo a su maternidad y otras relaciones y al trabajo, y no sería descabellado pensar en ella proyectando las incapacidades de su esposo en todos los demás hombres, calificándolos con el mismo pincel, por así decirlo, y así sembrando las semillas de la oscuridad por todas partes. De igual forma, el joven esposo toma su sentimiento de inadecuación para el trabajo, y se traduce en una incesante necesidad de justificarse, ya sea a través del desempeño o ganando más dinero, o ampliando la empresa. Y supongamos que está en la gerencia y está encargado de supervisar una fuerza de ventas de 50 o más. No es difícil ver cómo una pequeña mentira colocada estratégicamente causa estragos en un matrimonio y rueda como una planta rodadora a través de las vidas humanas.

El problema no es el matrimonio. El problema es que somos el niño de la feria y recurrimos a un matrimonio legendario para que sea nuestra salvación. Somos la Sra. Fidget. Y cuando imponemos nuestras leyendas, nuestros sueños de llegar a ser, nuestras agendas secretas en nuestras relaciones, cuando manipulamos a la gente para que participe con nosotros en nuestras leyendas, las relaciones reales se frustran, la confraternidad sufre un cortocircuito. El baile se cierra.

El mundo occidental está lleno de hombres adultos que no tienen idea de quiénes son. Les han mentido y creen que "no". Y han soñado un sueño de convertirse. Han inventado una leyenda, una falsa gloria. Han recurrido al trabajo, más que probablemente, como algo que los convertirá en alguien, les dará dignidad. Y significa tanto para ellos, que están consumidos con él. Cuando están en casa, no están en casa. Están presentes físicamente, pero están tan enfrascados en su sueño de convertirse, están tan preocupados con su obra legendaria, que nunca notan el gozo de Dios escrito en sus corazones. Nunca conocen a sus hijos. Nunca ven a sus esposas por lo que realmente son. Juegan al golf todos los viernes por la tarde como un ritual, pero están tan motivados que en realidad nunca juegan. ¿Y qué sucede cuando están listos para la promoción y alguien más se interpone en el camino?

Hace unos años, un niño asesinó a su amigo por un par de zapatillas de baloncesto Nike. No conozco los detalles de esa horrible tragedia, pero sé quién es la fuente de todos los asesinatos. El maligno está detrás del asesinato, en todas sus formas, ya sea imponiendo nuestros sueños a los demás, o chismeando y calumniando, o traicionando, o apuñalando a alguien por la espalda en el trabajo, o literalmente quitándole la vida a alguien. El camino hacia el acto de asesinato del niño y cada asesinato comienza con el susurro "No soy".

En algún momento del camino, el niño creyó la mentira del maligno de que él "no era". Y soñó un sueño de convertirse.

Inventó un yo legendario. La única identidad que pudo encontrar fue a través del bombo publicitario de una corporación. Creía en los zapatos. Era todo lo que tenía. Creía que podían darle una identidad, hacerlo especial, convertirlo en "alguien". Y la creencia era tan fuerte, el dolor espiritual detrás de ella era tan agudo, y la desesperación era tan profunda que estaba dispuesto a hacer cualquier cosa, incluso matar a su amigo, para conseguir esos zapatos.

Esa es la lógica de la oscuridad. Comienza con la mentira susurrante del maligno: "No soy". Y nos creemos su mentira y nos convertimos en Orual, el hombre alto del parque, la señora Fidget. Soñamos un sueño, inventamos una gloria, una leyenda en nuestras propias mentes, y trabajamos hasta los huesos para alcanzarla, mientras no solo perdemos nuestra verdadera gloria, sino que la envenenamos sin darnos cuenta, cortocircuitando la vida del Padre, del Hijo y del Espíritu, la gran danza que se nos ha dado, violentando nuestro propio ser.

## La Sra. Fidget y la Cultura Occidental

La Sra. Fidget no es solo una imagen de los seres humanos, también es una imagen de la cultura occidental. Debajo de toda la grandeza del mundo occidental yace una profunda crisis de identidad, una crisis de significado, propósito y dignidad. Perdimos la Trinidad. Perdimos al verdadero Jesús. Todo lo que nos quedaba era el Dios desnudo y abstracto, y Newton lo acabó cuando ideó su universo mecanicista. Cuando eso sucedió, Dios se convirtió en espectador y perdimos el secreto de nuestra identidad y nuestra razón de ser en la tierra. Así que la cultura occidental se embarcó en una misión para inventar una nueva identidad, crear una nueva vida, fabricar significado, soñar algo que nos confiriera significado y gloria. Gastamos millones de dólares inventando juegos olímpicos legendarios, Super Bowls y Series Mundiales en un intento loco y desesperado de fabricar gloria, y nunca vemos la gloria eterna de la existencia misma de nuestros hijos. Se gastan incontables horas y dólares creando la ilusión de la fama, que luego desfila ante nosotros como el colmo de la gloria, sin embargo, nunca se nos pasa por la cabeza que Dios el Padre todopoderoso conoce nuestros nombres y nos ama.

La historia del mundo occidental moderno puede escribirse como una búsqueda larga y desesperada que ha dado lugar a una serie de inventos ingeniosos que nos han entretenido y distraído por un momento o dos, pero que nunca han satisfecho nuestros corazones, nunca han entregado la verdadero gloria. Además, nos han dejado cada vez más ajenos a nuestra verdadera vida. La historia occidental moderna es la historia de un alma herida que inventa dioses y diosas, juegos de poder e ilusiones de grandeza; ritual extraño tras ritual extraño; y un bombo sin fin, sin fin, para convencernos de que lo que hemos inventado es real.

Lo tenemos todo, pero estamos totalmente aburridos de todo, agotados y profundamente apáticos. Lo que tenemos hoy en nuestras manos en el mundo occidental es una cultura del duelo. En el fondo sabemos que nos hemos perdido el gran baile y estamos afligidos por la pérdida. Está bien. Porque significa que estamos viendo a través de lo que hemos inventado. Estamos sintiendo su vacío y falta de sentido. Significa que estamos un paso más cerca de clamar por luz. Y ese es el primer paso para salir de Glome.

## La Señora Fidget y la Iglesia

La Sra. Fidget es una imagen de los seres humanos, de la cultura occidental, y también es, por desgracia, una imagen de la Iglesia. La Iglesia debe ver la gloria y saber vivir en ella. Pero la Iglesia es tan ciega como el mundo, y debido a que la Iglesia no ve la gloria, se ha propuesto crear una gloria que pueda ver. Y luego toma todos los grandes términos de la Biblia —el reino de Dios, la salvación, la vida abundante, el bautismo del Espíritu— y los pega confiadamente al lado de su gloria inventada. Se gasta una energía incalculable tratando desesperadamente de convencerse a sí misma y a los demás de que lo que ha inventado es real.

Y cualquiera que se atreva a cuestionar su gloria inventada se avergüenza por perturbar la paz y la unidad de la madre Iglesia.

Pero, ¿qué pasa con la pobre gente que trabaja el programa, que hace las cosas de la Iglesia, que sigue al ciego en su bizarro ritual religioso? ¿Encuentran el río, la danza, la gloria? Se quedan tristes y vacíos y aburridos y enojados y deprimidos, y muy seriamente confundidos acerca de Jesús. ¿Qué les pasa a las personas que saben en el fondo de su alma que hay un río de gloria que corre por la vida y les dicen que eso que ha inventado la Iglesia es el río?

La Iglesia occidental se enfrenta a un nuevo problema en estos días, como nunca antes se había enfrentado. El problema para la Iglesia occidental hoy es que las personas han hecho lo que la Iglesia les dijo que hicieran, han hecho lo que los predicadores les dijeron que hicieran, han seguido el programa, el extraño ritual religioso con sus etiquetas bíblicas. Y no han encontrado gloria, ni río, ni gran danza. Todos en el mundo occidental parecen saber esto menos la Iglesia.

La gente no está escuchando a la Iglesia. Y no es porque odien a Dios. Es porque han escuchado, y han hecho lo que la Iglesia les dijo que hicieran, y los ha dejado vacíos. ¿Será que la Iglesia occidental de hoy está llena de personas que saben más, pero prefieren la negación al dolor de enfrentarse a sus leyendas religiosas y, por lo tanto, al dolor de encontrar el camino a la verdadera gloria? ¿Será que el desinterés del mundo por el cristianismo se debe a que el mundo ve esa negación y la nada religiosa que produce y no quiere nada de ella?

## La Esperanza del Mundo

¿Será posible que el Padre, el Hijo y el Espíritu estén parados mirando todo esto con indiferencia? ¿Es posible que el Espíritu de adopción vea tambalear a la raza humana en la oscuridad cuando ha sido incluida en la gran danza? Les digo que el Espíritu no puede soportarlo. No puede soportar verte a ti y a mí convirtiéndonos en la Sra. Fidget. No puede soportar ver la creación del Dios Triuno distorsionada más allá del reconocimiento. No puede soportar vernos vivir como el hombre alto en el parque, cayendo en la mentira del maligno y pasando nuestras vidas siguiendo alguna gloria legendaria, trabajando en un ritual extraño que nos está destruyendo. El Espíritu de adopción, el Espíritu de verdad, se ha desatado sobre el mundo, sobre ti y sobre mí.[51] Y viene a enseñarnos, a iluminarnos, a dar testimonio de la verdad. Viene para ayudarnos a ver a través de la oscuridad y ver quiénes somos en Jesucristo y comprender el asombroso don que se nos ha dado en él. Al venir a ayudarnos a descubrir la verdad, trabaja para exponer nuestra estupidez, nuestra esclavitud, nuestra trampa

---

51 Véase Juan 16:7ss

autodestructiva en la oscuridad, para guiarnos a través del dolor de reconocer nuestras leyendas y su destrucción. La esperanza del mundo, la esperanza de tu vida y la mía, es que el Espíritu Santo es el Espíritu de adopción, el Espíritu de verdad, el Espíritu del propósito eterno del Padre y del Hijo, y que tiene una pasión eterna por que experimentamos la gran danza.

Por lo tanto, él viene a nosotros para luchar con nosotros y nuestra equivocación, para invadir nuestra confusión, nuestras leyendas, nuestras invenciones, para guiarnos a creer correctamente, para entrenarnos para ver a través de la oscuridad. Él viene a enseñarnos cómo detectar la mentira que se nos susurra, cómo discernir el bien y el mal, cómo hacer frente al "yo no soy" y responderle "sí, yo soy", y cómo caminar y vivir en su libertad. Viene para llevarnos a descubrir la verdad, a reconocerla y a contar con ella.

El Padre, el Hijo y el Espíritu han elegido, en pura gracia y en asombrosa filantropía, no atesorar su gloria y plenitud y alegría y comunión. Han elegido no vivir su danza de vida y gloria sin nosotros, sin ti y sin mí. Pero nos han vendido una lista de bienes, nos han mentido, nos han engañado acerca de Jesucristo y de nosotros mismos. Estamos profundamente confundidos acerca de todo esto, e involuntariamente estamos violentando nuestra participación en el baile. El Espíritu de adopción no puede soportar nuestra confusión. Por eso ha venido a nosotros para librarnos, y no nos dejará ir, hasta que la tierra esté llena del conocimiento del Señor como las aguas cubren la mar.[52]

---

52 Véase Isaías 11:9

## Capítulo 5

# En Nuestras Mentes Correctas:

## *La Fe y La Liberación de la Danza*

*... hay un fuego en el alma que viene del más allá y lo que el alma hace en esta vida está muy impulsado por ese fuego.*
— Ronald Rolheiser[53]

*Continúa, siempre recordarás, continúa, nada iguala el esplendor. Ahora tu vida ya no está vacía, seguro que el cielo te espera. Continúa, mi hijo descarriado, porque habrá paz cuando hayas terminado. Recuesta tu cabeza cansada para que descanse, ahora no llores más.* — Kerry Livgren[54]

Antes de que existiera el universo, antes de que los cielos fueran invocados con estrellas y lunas, antes de que la tierra fuera tallada en una belleza infinita y la vida humana fuera modelada con estilo, gracia y gloria, antes de que existiera algo, existió la gran danza de vida compartida por el Padre, el Hijo y el Espíritu. En un amor asombroso y generoso, éste Dios determinó abrir el círculo

53 Ronald Rolheiser, *El Santo Anhelo* (New York: Doubleday, 1999), pág. 16.
54 De la cancion "Continúa Hijo Descarriado" escrita por Kerry Livgren en el CD *Lo Mejor de Kansas* (Sony Music Entertainment, Inc., 1999).

y compartir la Vida Trinitaria con otros.

Como un acto filantrópico alucinante y asombroso, el Padre, el Hijo y el Espíritu eligieron crear seres humanos y compartir la gran danza con ellos.

Nunca se tuvo la intención de que el cumplimiento de este plan quedara en manos de Adán o las nuestras. Desde el principio, desde antes del principio, el don fue dado en y a través de Jesucristo.[55] Él siempre estuvo destinado a venir y resolver nuestra adopción.[56] Y eso es lo que pasó. El Hijo de Dios salió de la eternidad a la historia y llevó a cabo el propósito eterno de Dios para nosotros.[57] Jesús lo ha hecho.

Hemos sido bendecidos, nos dice Pablo, con toda bendición concebible en Jesucristo. Se nos ha dado la vida misma del Dios Triuno, la comunión y el compañerismo, el gozo eterno y la plenitud y la gloria del Padre, del Hijo y del Espíritu. El gran baile ahora es nuestro, tanto como de Dios. Es el río invisible que corre a través de nuestras vidas y a través de todas las cosas. La belleza de una mañana dada, la sonrisa de una hija diciendo todo lo que hay que decir, una taza de café con un viejo amigo, la pasión del amor, la paz de pescar en las sombras de un día que muere: todo es poesía en movimiento: la gran danza que se desarrolla a través de las escenas de nuestras vidas.

## La Posibilidad de la Alegría y la Tristeza

Hay una voz, sin embargo, que se burla de toda esta charla sobre un gran baile. "Baile, ¿qué baile? La vida es una perra, luego te mueres. Es una broma cruel, una serie de años sin sentido

---

55 Véase 2 Timoteo 1:9.
56 Véase Efesios 1:3-5.
57 Véase Efesios 3:11.

plagados de tragedia y lágrimas y un dolor insoportable. Estamos en un viaje que no elegimos, y preferimos bajarnos".

Las personas son rápidas para pensar mal de los demás e igualmente rápidas para devastar el corazón con odio y palabras crueles.

Por cada momento fugaz de alegría, hay horas de ansiedad y depresión. El miedo gobierna. El caos abunda. Los aviones de pasajeros se estrellan o son bombardeados, dejando a esposas, esposos e hijos varados en las costas de la soledad. Las mujeres son violadas y brutalmente asesinadas. Decenas de miles de niños mueren de hambre antes de cumplir los tres años. Los huracanes destrozan kilómetros de costa, destruyendo casas, hogares y corazones. El racismo esclaviza y aplasta el cuerpo y el espíritu. Los niños son golpeados y abandonados. Las corporaciones devoran la tierra y la gente. El matrimonio promedio, si no termina en divorcio, se convierte en un punto muerto de mera tolerancia. Por cada buena relación, hay mil malas. Por cada sonrisa de una hija, hay cien ceños fruncidos. ¿Bailar, qué bailar? Es el sueño de los tontos, el romántico ciego que se niega a ver. La vida es una historia triste y trágica.

Sin embargo, sabemos mejor. A pesar de la desilusión, a pesar de las tragedias desgarradoras y las injusticias deplorables, a pesar de los momentos de dolor y sufrimiento indecibles, y de los momentos en que la ansiedad de todo esto nos reduce al silencio total, a pesar de todo el padecimiento, sabemos que estamos hechos para la gloria. Las mismas cosas que se burlan de la danza como el sueño de los tontos, hablan un doble mensaje. Porque incluso en su burla, están confesando que la gran danza no es un sueño en absoluto. Hasta la misma tragedia grita que pertenecemos al círculo de la vida. Porque la tragedia no sería tan **trágica** para nosotros, a menos que de alguna manera supiéramos que estamos hechos para la gloria. ¿No se define la tragedia como perder el bien de una manera terrible e injusta? ¿Por qué nos preocupa la injusticia, a menos que sepamos que no es como se supone que debe ser? "Es simplemente *incorrecto*," decimos, pero ¿quién nos dijo que no está bien? ¿Cómo puede haber un "bien" o un "mal", un "correcto" o un "incorrecto", o "como se supone que debe ser", y por lo tanto angustia y desesperación cuando no es así, si el Nuevo Pacto no está escrito en todos nuestros corazones? Nuestra ansiedad nos dice que la vida es impredecible y aterradora, pero también nos dice que creemos que se supone que es buena, y que tenemos miedo de perder algo que es nuestro. Después de todo, no podemos sentir nostalgia si no tenemos hogar. No podemos estar decepcionados, frustrados o ansiosos si no estamos convencidos, de alguna manera profunda, de que estamos hechos para cosas más altas. ¿Qué es lo que hace que el dolor sea tan triste y lleno de amargura, y que la soledad sea algo tan intolerable? ¿Cómo podemos conocer la miseria como *miseria*, a menos que estemos hechos para la gran danza y la conozcamos?

Si de algo estamos convencidos como seres humanos es de que las experiencias de alegría y tristeza son reales, y también lo son la gama de emociones que esas dos palabras recogen: satisfacción y frustración, esperanza y desesperación, risa y llanto, placer y dolor, excitación y aburrimiento, paz y ansiedad, por nombrar algunos. No necesitamos ningún argumento para convencernos de que estas cosas son reales. Las hemos probado y sentido en nuestros propios corazones. Pero dado que nuestra experiencia de alegría y tristeza es real, la pregunta es: ¿cuál es la base de su realidad?

¿Alguna vez has pensado en eso? La mayoría de nosotros damos por sentado que estamos vivos y que sentimos toda la gama de emociones. Realmente nunca pensamos en el origen de la alegría y la tristeza o cómo es posible que experimentemos tales cosas.

¿Es la alegría un microbio en el aire, un virus emocional de algún tipo, que flota misteriosamente en nuestras vidas y se adhiere a nuestros corazones por un tiempo y luego se va? ¿Es el dolor un diente de león invisible, que casualmente se cruza en el camino de nuestras almas mientras se mueve sin rumbo por el espacio? ¿Cómo es posible que experimentemos alegría? ¿Cómo es posible que experimentemos alegría y amor, paz y esperanza? ¿Qué explica la presencia real del deleite, el placer y el buen ánimo en nuestras vidas, o de la risa? En la otra cara de la moneda, ¿cómo es posible que suframos? ¿Qué explica la presencia de ansiedad, tristeza y desesperación en nuestras vidas? O la alegría y la tristeza son ambas, al final, completas ilusiones, puros productos de nuestra imaginación, o son experiencias reales. Parece lo más obvio del mundo que son reales, pero ¿de dónde vienen?

Nuestra experiencia humana de alegría y tristeza está enraizada en la realidad de la unión entre nosotros y la Trinidad. La conexión forjada en Jesucristo es real y nos ha dado una identidad definida, una naturaleza, un hogar. Pertenecemos, de alma a cuerpo y de pies a cabeza, a la Trinidad. El baile es nuestro, estamos programados para ello. Su lógica es nuestro ADN espiritual. Y en algún nivel profundo, lo sabemos. Sabemos que el gran baile es el nuestro. No solo estamos preparados para ello; su ritmo late en la médula de nuestras almas. Por lo tanto, no somos criaturas neutrales. Estamos ligados con el Padre, el Hijo y el Espíritu. Paradójicamente, es esta unión, esta pertenencia, este hogar en la

Trinidad, y nuestro profundo conocimiento de ella, lo que hace que tanto el gozo como el dolor sean posibles para nosotros y tan reales para nosotros. La unión define el paisaje de nuestras vidas. Es el estándar tácito por el cual nuestros corazones miden todas las cosas. Es la estaca en el suelo, la diana, que define la marca para nuestros corazones. El dolor es lo que sentimos cuando no damos en el blanco. Es precisamente porque estamos incluidos en la gran danza y lo sabemos, que experimentar algo menos nos entristece, nos frustra y nos vacía. Es porque estamos hechos para la gloria que perderla duele como el infierno, encontrarla es la mayor de todas las alegrías.

Debajo de nuestra experiencia de alegría y tristeza está la cuestión de nuestra identidad, de quiénes *somos* y de si somos o no fieles a nosotros mismos. El deleite y la alegría, la satisfacción y la paz no surgen de la nada, sin razón aparente. No son microbios aerotransportados. Son el fruto de vivir de acuerdo con lo que realmente somos. Dolor y sufrimiento, pena y ansiedad es lo que experimentamos cuando violamos nuestra identidad. Alegría es el nombre que damos a la experiencia de vivir en *sintonía* con la vida del Padre, del Hijo y del Espíritu. Dolor es el nombre que le damos a la experiencia de vivir en violación de esa vida. Puede ser que la causa de la violación provenga de algo que hayamos hecho nosotros mismos, o de algo que alguien nos haya hecho, o de los inexplicables accidentes del caos. Pero cualquiera que sea la causa, la razón por la que nos perturba tanto y nos duele tan profundamente es que viola nuestro ser. Es una ruptura de nuestra identidad. ¿Cómo podría no doler semejante brecha? ¿Cómo no va a haber llanto y crujir de dientes cuando violentamos nuestro propio ser?

Justo el otro día estaba pescando, y me sorprendió de nuevo la forma en que un róbalo se vuelve tan loco en el suelo. Sacar al pez del agua es sacarlo de su ambiente nativo, su hogar, y por lo tanto violar su identidad. ¿Cómo podría no volverse salvaje? Está hecho para agua. Sacarlo es arrojarlo a la contradicción y, por lo tanto, al tormento. El pez no necesitaba más azotes de mi parte para sufrir. Y su liberación al agua no necesitó ninguna bendición adicional de mi parte para que floreciera.

Esta analogía del pez es buena, hasta donde llega, pero es limitada porque es espacial, no relacional. El pez es "sacado" y "devuelto" al agua, y su sufrimiento o florecimiento está relacionado con "dónde" está. No es así con nosotros. No se nos saca ni se nos vuelve a poner. Estamos "adentro", ahora y para siempre. Jesús ha logrado eso. Y es el hecho de que estamos "adentro" lo que crea la posibilidad de alegría y tristeza reales para nosotros: la alegría más alta y la tristeza más profunda. Es el hecho de que tenemos un hogar en la Trinidad lo que hace posible que estemos tan inquietos, tan incómodos con nosotros mismos, tan nostálgicos, afligidos y desesperados; o en paz y en casa y florecientes.

Solo hay un círculo de vida en el universo, y nosotros pertenecemos a él. Por lo tanto, estamos vivos y hay una vida hermosa para vivir. Pero nuestra pertenencia también significa que hay una armonía que podemos violar, una unión que podemos contradecir. Hacer eso duele. Crea culpa y vergüenza dentro de nosotros, una inquietante sensación de alienación y pérdida, y los primeros indicios de una profunda tristeza. Y crea estas cosas en nosotros porque estamos contradiciendo nuestro propio ser. Vamos contra la corriente de nuestro verdadero yo.

El otro lado es igualmente cierto, y aún más. Pertenecemos al

Padre, al Hijo y al Espíritu; el ritmo de la gran danza late en nuestros corazones. Caminar a su ritmo no es moverse a un compás ajeno; es dar en nuestro paso. Es encontrarnos a *nosotros mismos*. Es encontrar el hogar y estar en casa, la realización genuina y los primeros gustos del gozo eterno.

Permítanme contarles una historia que nos ayuda a visualizar el punto más claramente.

## Perdido en Nueva Orleans

Cuando tenía 12 años, mis padres nos llevaron a mí, a mis dos hermanos y a mi mejor amigo a Nueva Orleans a ver a los Vikingos de Minnesota jugar contra los Saints. Siendo de un pequeño pueblo en el sur de Mississippi, consideré que la oportunidad de ir a Nueva Orleans era un gran placer en sí mismo: pero dado que los Vikingos eran mi equipo de fútbol favorito de todos los tiempos, este viaje fue uno de los mejores momentos de mi juventud. Las tres horas que tardó el vieje hasta Nueva Orleans me parecieron un día eterno. Pero finalmente llegamos allí, y mi papá estacionó el auto. Tomamos un tranvía hasta el antiguo estadio de Tulane. Fue una tarde magnífica, y el juego fue todo lo que había soñado que sería, incluida una ruta vikinga.

Después del partido, caminábamos por la rampa de salida cuando miré por encima de la barandilla y vi tres autobuses alineados, y reconocí a los hombres enormes que subían a los autobuses como los propios jugadores de los Vikingos.

Sin pensarlo, bajé corriendo la rampa y de alguna manera me dirigí hacia los jugadores. De hecho, le di la mano a Carl Eller y estaba a centímetros de Alan Page y Wally Hilgenberg. Y pude tocar el sombrero del entrenador Bud Grant. No hace falta decir que estaba en el cielo.

Luego, uno por uno, los autobuses comenzaron a alejarse. Recuerdo verlos pasar al lado del estadio y girar a la izquierda, y desaparecer de la vista. Cuando el último autobús se fue, el mayor de todos los miedos se apoderó de mi pequeño corazón. De repente me di cuenta de que no tenía idea de dónde estaban mis padres y, lo que es peor, que ellos no tenían idea de dónde estaba yo. Miré a mi alrededor y no había otra persona a la vista, ni una sola. Hasta el día de hoy, es un misterio cómo la multitud alrededor de esos autobuses desapareció tan rápido, pero lo hicieron. No se encontró ni un solo ser humano. El pánico puro se apoderó de mí. En cuestión de segundos, estaba asustado fuera de mi mente. No tenía ni idea de qué hacer. Mi corazón latía tan rápido que ni siquiera podía pensar.

Doce años, Nueva Orleans, el estadio Tulane, y estaba oscureciendo. Estaba muy lejos de ser inteligente en la calle, pero sabía hasta el fondo de mi alma que estaba en problemas. En algún momento se me ocurrió buscar un policía, pero no había ninguno. No pude encontrar a otra persona, y mucho menos a un policía, y di la vuelta a todo ese estadio por lo menos tres veces.

En ese momento estaba frenético y llorando a mares. Había muchas casas alrededor, pero no estaba dispuesto a entrar en una para pedir ayuda. Lo único que sabía hacer era tratar de encontrar el camino de regreso al auto. Pensé en el tranvía que habíamos tomado al estadio, pero ¿cuál? El norte y el sur no tenían sentido para mí en las calles de Nueva Orleans, y de todos modos no tenía idea de qué dirección tomar. Ni siquiera recordaba los nombres de las calles. Pero tenía algo de dinero en el bolsillo, así que encontré un tranvía, me subí y le dije al conductor que estaba perdido. Me dijo que me subiera a la parte trasera del tranvía y mantuviera los ojos bien abiertos, y si veía algo, que tirara del cable y él se detendría. Mientras el tranvía recorría Nueva Orleans, saltaba de un lado a otro, presionando mi cara contra las frías ventanas, esperando, solo esperando, ver algo que reconociera: un árbol, un edificio, una calle, un automóvil estacionado, quién sabe, tal vez incluso a mis padres. Pero no sucedió. Monté ese tranvía todo el camino alrededor de su circuito hasta que regresó al estadio. Sin saber qué más hacer, me bajé y caminé alrededor del estadio hasta donde estaban los autobuses. Solo y muerto de miedo, me senté debajo de un roble en un montón de hojas. Recuerdo juguetear con un palo y llorar, hasta que no hubo más lágrimas. Fue lamentable.

Pero las cosas empeoraron. Mientras estaba sentado allí con mis 12 años de vida destellando ante mis ojos, las luces del estadio se apagaron de repente. Nunca había experimentado una oscuridad así. Casi 30 años después, aún puedo ver las sombras inquietantes y veloces de ese lugar y todavía puedo oler el concreto y escuchar las hojas susurrar en el viento frío. No sé cuánto tiempo estuve sentado allí, pero me parecieron horas, ciertamente más que el eterno viaje al estadio. Estaba tan oscuro. Estaba tan solo y frío.

Y luego, de repente, las luces del estadio se encendieron, y antes de que supiera lo que estaba pasando, estaba de pie corriendo alrededor del estadio. Alguien tuvo que haber encendido las luces, y yo estaba decidido con el fuego del universo a encontrar a ese alguien. Y luego sucedió. Por encima del ruido de mis pasos y el martilleo de mis miedos, escuché el sonido más bendito de toda Nueva Orleans. Fue el sonido más bendito que jamás había escuchado en mi vida: una palabra "¡Baxter!", gritada por mi padre.

Nadie tuvo que decirme qué hacer. Nadie tuvo que decirme qué significaba esa palabra. Nadie tuvo que decirme cómo aplicar la palabra a mi vida. Mi nombre, gritado por mi padre, decía la esperanza de mil volúmenes. Como con un gran geiser en el Parque Nacional de Yellowstone, la insoportable tensión se alivió instantáneamente. El miedo abrumador, la búsqueda frenética dieron vuelta a la izquierda como los autobuses y desaparecieron. Y en su lugar surgió la más simple y maravillosa de todas las cosas: la seguridad, la paz, el descanso.

Han pasado casi 30 años desde aquel día. Cuando miro hacia atrás, es claro que el relato está lleno de lecciones, la más obvia de las cuales es la relación entre mi identidad y la experiencia del sufrimiento y la alegría. No podría haberme perdido y haber sufrido todo el dolor de esa pérdida, si no hubiera tenido un hogar. Precisamente porque tenía una familia, una madre, un padre, hermanos y un amigo, mi experiencia fue tan miserable. Mi *experiencia* de dolor se debía al hecho de que yo pertenecía a una familia y lo sabía. Si hubiera estado en las calles de Nueva Orleans como un niño de la calle sin hogar, sin raíces ni familia, no habría habido tal trauma. No podemos estar perdidos si no tenemos hogar. Y no podemos experimentar dolor, tristeza y desesperación, a menos que en algún nivel profundo sepamos que nuestro hogar es real.

## Unidos, pero irreductiblemente distintos

Lo primero que hay que decir acerca de nuestra experiencia de alegría o tristeza es que solo es posible porque pertenecemos a Dios y porque en algún nivel profundo lo sabemos. La unión nos da nuestra identidad, un hogar, una familia a la que pertenecemos, un lugar real en la gran danza, y por tanto una vida para experimentar. Pero esta unión es sólo el fundamento de nuestra experiencia. La inclusión en sí misma en la vida del Padre, del Hijo y del Espíritu no genera necesariamente la *experiencia* de paz o frustración en nuestro corazón. Podríamos estar unidos con Dios de una manera panteísta y así estar tan absorbidos en Dios que no quedaría ningún "nosotros" distinto para experimentar nada. Volvemos a la "distinción irreductible" entre nosotros y Dios de la que hablamos en el último capítulo. La posibilidad de "nuestra" experiencia de cualquier cosa reside en nuestra unión con la Trinidad, por un lado, y en la distinción real entre nosotros que se mantiene maravillosamente en la unión, por el otro. Sin la unión, no existiríamos y no habría vida para experimentar. Sin la distinción, no hay un "nosotros" real para saborear, sentir y experimentar la vida.

Pero hay más que decir. Si bien la unión y la distinción entre la Trinidad y nosotros crean la posibilidad de nuestra experiencia, no hacen que nuestra experiencia sea buena o mala. El hecho de que tengamos un hogar y una mente, un corazón y una voluntad distintos no significa necesariamente deleite o tristeza. La congruencia y la incongruencia son las que hacen que nuestra experiencia sea de paz o de confusión. La confusión y la claridad, la armonía y la desarmonía con nuestra propia identidad en unión con Dios son las que hacen que la experiencia de alegría o tristeza sea real para nosotros.

La unión entre nosotros y la Trinidad forjada en Jesucristo es real. Nos da nuestra existencia y una vida para compartir. La distinción irreductible entre nosotros y Dios asegura que hay un "nosotros" real para experimentar la vida compartida, para gustarla, sentirla y conocerla. Además, la distinción significa que importa lo que "nosotros" hagamos. Tenemos mentes, corazones y voluntades distintos, pero son mentes, corazones y voluntades que existen en unión con Dios. No es asunto fácil que nuestro pensamiento esté en conflicto con el pensamiento de Dios. Tal incongruencia es una violación, no de alguna ley divina arbitraria y extrínseca, sino de nuestra propia identidad en unión con Dios, y necesariamente causa angustia. Para que nuestro corazón esté en desacuerdo con el corazón de Dios es necesario experimentar la enfermedad más profunda. Es una violación de la unión, de nuestra identidad como unidos al Padre, al Hijo y al Espíritu. Lo mismo debe decirse de nuestras voluntades. Es doloroso que nuestras distintas voluntades estén en conflicto con la voluntad del Padre, del Hijo y del Espíritu, porque nuestras voluntades existen en unión con la voluntad divina. No estar de acuerdo con Platón no es gran cosa. Pero estar en desacuerdo con Jesucristo es una contradicción de nuestro propio ser. Porque existimos en unión con Jesús. Tal desacuerdo y contradicción necesariamente producen dolor.

El riesgo que Dios corre al darnos a "nosotros" un "lugar real" en la gran danza es la posibilidad de nuestra enfermedad, de nuestro dolor, tristeza y depresión, incluso nuestra última y eterna tristeza y miseria. La distinción entre nosotros y Dios es tan real como la unión. Crea la posibilidad de confusión de nuestra parte. Y es la confusión de nuestra parte, la confusión de los que están en unión con el Padre, el Hijo y el Espíritu, la que genera nuestra miseria y desesperación.

Sin la unión, la confusión no acarrea necesariamente la

enfermedad. Sin la unión, no habría incomodidad, ni lágrimas, ni tristeza, ni desesperación. Nunca nos conmoverían las sonrisas de nuestras hijas ni lloraríamos cuando sus corazones se rompieran. Nunca veríamos la belleza de una mañana determinada. Una taza de café con un viejo amigo no significaría nada para nosotros, porque no habría amistad, ni lazos del alma, ni recuerdos de alegría compartida. Sin unión con el Padre, el Hijo y el Espíritu, no hay vida digna de ser vivida: no hay gozo, ni compañerismo ni unión, ni risa ni deleite, ni romance ni amor, ni poesía en movimiento. Pero estamos unidos con el Padre, el Hijo y el Espíritu. Pertenecemos a la Santísima Trinidad. Es esta pertenencia la que da un poder tan devastador a la confusión y tan liberador a la claridad.

Conocer la verdad nos hace libres, como dijo Jesús,[58] precisamente porque es "nuestra" verdad. De la misma manera, la confusión produce tristeza precisamente porque es una violación de nuestro propio ser.

La idea de la fe no es una invención divina arbitraria que nos ha sido impuesta para probarnos. El mandamiento de la fe está escrito en nuestra identidad, y también lo está su necesidad y su poder. Lo que creemos importa porque somos distintos, pero unidos con el Padre, el Hijo y el Espíritu. La unión significa que nuestras leyendas son leyendas, y que duelen, porque son contradicciones de nuestra unión con Dios. La unión también significa que hay una "mente correcta" para nosotros, y que estar en nuestras mentes libera la gran danza en nuestras vidas. Si no hubiera unión entre nosotros y la vida Triuna de Dios, lo que creemos, sea lo que sea, no tendría poder ni consecuencia necesaria. Nuestra creencia no podía producir ninguna experiencia particular. No podía ponernos

---

58 Véase Juan 8:31ss.

tristes o felices. Sin la unión, nuestras leyendas serían tan válidas como cualquier otra teoría sobre la vida, e igual de impotentes. Serían meras teorías, que nunca podrían tocar nuestros corazones.

Pero *estamos* unidos con el Padre, el Hijo y el Espíritu, nuestras leyendas *son* violaciones de nuestra identidad, de lo que realmente somos, y así producen inevitablemente la incongruencia, la desarmonía del ser. Incluso si el castigo alguna vez cruzó la mente del Padre, el Hijo y el Espíritu, no habría necesidad de ello. Porque la creencia equivocada produce necesariamente su propio infierno. De la misma manera, creer la verdad no necesita recompensa externa.

Creer en la verdad trae medicina al alma, pues es un acto de racionalidad, el alineamiento de la mente, el corazón y la voluntad con la realidad.[59] Tal alineación necesariamente genera paz y plenitud, y libera la alegría de la danza en nuestras vidas.

Todo esto es para decir que es precisamente porque pertenecemos a la Trinidad que lo que pensamos y hacemos importa tanto. Si no estuviéramos unidos, podríamos creer cualquier cuento fantasioso que quisiéramos y no tendría nada que ver con nosotros, porque no sería ni una leyenda ni la verdad. Podríamos hacer lo que quisiéramos y no nos molestaría. No nos haría felices o tristes, satisfechos o descontentos, emocionados o deprimidos. Del mismo modo, podríamos tratar con todas nuestras fuerzas de hacer que la "fe" funcione, hacer que haga algo por nosotros, producir alguna experiencia, algún buen resultado en nuestros corazones y vidas, y sería completamente impotente. Pues la fe sin realidad, la fe sin verdad, la fe sin unión previa, no es más que otra

---

59 Véase Thomas Erskine, *La Libertad Incondicional del Evangelio* (Edimburgo: Waugh and Innes, 1829), pp. 13ss.

leyenda. Es la mera flexión de un músculo que no está unido a un cuerpo. Creer que pertenecemos a la Santísima Trinidad nos da esperanza, seguridad y paz, no porque nuestra fe sea mágica, sino porque estamos creyendo en la verdad. Si no perteneciéramos a la Trinidad, creerlo no tendría poder alguno.

## El Conocimiento más Profundo

Pero todavía hay otro factor que figura en nuestra experiencia que necesita ser resaltado. Es lo que podríamos llamar "la paradoja del saber". Es una cosa extraña, pero *sabemos* y sin embargo *no sabemos* al mismo tiempo. Piensa en un maestro chef creando una nueva salsa. Primero tiene una idea, luego reúne todos los ingredientes que cree que necesitará. Luego viene el largo experimento, el proceso de prueba y error. A cada paso se detiene y prueba lo que está haciendo, para evaluar y ver qué tan cerca o qué tan lejos está de lo que busca. Por fin llega la resolución cuando la salsa en la sartén coincide con la salsa en su mente.

Lo más fascinante del proceso es la pregunta: ¿Cómo supo el chef cuándo su salsa era la correcta? ¿Cómo podría evaluar lo que estaba haciendo? ¿Cómo supo cuando estaba un poco mal? Paradójicamente, el chef era de dos mentes, o al menos en contacto con dos saberes. En algún nivel, *sabía* exactamente lo que quería, y ese conocimiento funcionaba como la papila gustativa suprema, por así decirlo, evaluando y juzgando lo que estaba haciendo, declarando que estaba mal, que aún no estaba bien. Sin embargo, en otro nivel, *no sabía* lo que quería. Tenía que aprender experimentando. Tenía que dar un paso adelante e intentar algo. El chef tenía que actuar.

La paradoja que actúa en el chef es una variación del tema

de nuestras vidas. Vivimos entre saber y no saber; entre el conocimiento de quiénes somos, pero la ignorancia de cómo ser. De alguna manera sabemos quiénes somos. En algún nivel profundo, sabemos que la gran danza no es una teoría romántica, sino nuestro destino. Sabemos que pertenecemos, que tenemos un hogar. Y es este conocimiento de nivel profundo el que funciona como la papila gustativa suprema en nuestras vidas. Nos persigue y nos juzga. Evalúa lo que estamos haciendo, pensando y creyendo. Es este nivel profundo de conocimiento de que la gran danza es nuestra lo que crea la experiencia tanto del dolor como de la alegría. Cuando la vida que estamos viviendo coincide con la vida que conocemos en nuestro corazón, nos da alegría y satisfacción. Cuando no es así, estamos tristes, vacíos y desesperados.

## El Testimonio del Espíritu

Pero, ¿cómo es que sabemos y sin embargo no sabemos? El conocimiento profundo es fruto de lo que se llama "el testimonio del Espíritu". El Espíritu da testimonio a nuestro espíritu de que somos hijos de Dios.[60] No es casualidad que el Nuevo Testamento se refiera al Espíritu como el Espíritu de verdad[61] y como el Espíritu de adopción.[62] En un nivel, el Espíritu viene a nosotros por quién es él y por quiénes somos nosotros. Jesucristo nos ha incluido en su relación con su Padre, y esa es una relación que siempre ha estado llena del Espíritu. De alguna manera hermosa y profunda, el Espíritu es el "Dios intermediario", para usar la frase de John Taylor.[63] Él es quien facilita la relación, el compañerismo

---

60  Véase Romanos 8:16 y Gálatas 4:4-6.
61  Véase Juan 14:27; 15:26 y 16:13.
62  Véase Romanos 8:15.
63  Véase John V. Taylor, *El Dios Intermedio* (Londres: SCM Press Ltd., 1972).

y la unión y el amor del Padre y del Hijo. Eso no hace que el Espíritu sea menos importante; en todo caso, hace del Espíritu el sine qua non de la gran danza. Sin el Espíritu, no hay relación entre el Padre y el Hijo, no hay conexión en el amor, no hay camaradería ni unidad. Todo esto es para decir que es imposible que seamos incluidos en la relación del Padre y el Hijo, y que el Espíritu sea neutral hacia nosotros o esté ausente de nosotros. Pentecostés sigue necesariamente a la ascensión. Porque el que ascendió es aquel en quien está ligada toda la raza humana. Para él entrar en el círculo, por así decirlo, significa que nosotros también estamos incluidos en el círculo, y eso significa incluidos en el Espíritu. Visto desde este ángulo, el don que se nos da en Jesucristo es el don del Espíritu. Como Espíritu de la gran danza, es el Espíritu de nuestra vida, la vida de nuestra fiesta.

Pero el Espíritu no es vago. Él es la vida de la danza, pero esa vida es siempre vida inteligente, elocuente, siempre ligada a la Palabra viva del Padre. La presencia del Espíritu siempre habla, siempre lleva un mensaje y nos transmite sentido. Por un lado, el Espíritu es la fuente de animación de la creación, la vida de todas las cosas. Por otro lado, su vida siempre nos dice algo, nos testimonia que no somos nuestros, que pertenecemos a Dios, que formamos parte de un círculo definido. El conocimiento de nivel profundo que opera dentro de nosotros es el fruto del Espíritu. En él y a través de él se comparte con nosotros la gran danza, y el compartir la danza siempre da testimonio a nuestro espíritu de que no somos nuestros, sino que pertenecemos a Dios. Gracias al Espíritu, *sabemos* quiénes somos y estamos inquietos hasta que la vida que estamos viviendo coincida con la vida que sabemos que es nuestra.

## El "Roux" Letal

Sabemos que pertenecemos al círculo de la vida y sabemos que la vida es buena, y este conocimiento de nivel profundo evalúa nuestro vivir, tanto que no podemos contentarnos con nada menos que la gran danza. Nos impulsa nuestro conocimiento de la verdad. Nos llama, nos ordena y nos aguijonea. Pero, paradójicamente, sabemos la verdad con la mente confundida. Como el chef, sabemos, pero no entendemos. Estamos confundidos. Es esta paradoja de saber y no saber lo que impulsa toda la angustiosa experiencia de la vida humana. Si no perteneciéramos a la Trinidad, seríamos los más apáticos y sin vida. Pero dado que pertenecemos al círculo de vida compartido por el Padre, el Hijo y el Espíritu, y dado que en algún nivel profundo lo sabemos, la búsqueda de nuestro santo grial está en marcha, y seamos conscientes de ello o no, es la única búsqueda que realmente nos importa. El problema es que nuestro santo grial no es una salsa nueva, sino el consuelo y la resolución de nuestro propio ser, y los ingredientes con los que estamos experimentando no son la mantequilla, el ajo y el vino, sino nuestro propio corazón y el corazón de los demás, así como el bienestar de la tierra. Nuestras esposas y esposos, nuestros hijos y amigos, nuestros compañeros de trabajo y nuestro juego, y nuestra relación con la tierra misma están atrapados en nuestras pruebas y errores.

Detrás de nuestra confusión no está la ignorancia, sino el maligno, que acecha en las sombras de nuestras vidas susurrándonos "yo no soy". Su susurro no tiene poder en sí mismo. No lleva el peso del testimonio del Espíritu porque no es ni una palabra divina ni una palabra de verdad, una palabra enraizada en el modo en que son las cosas. El susurro no es la voz de la autoridad, que nos detiene en seco y llama nuestra atención. El susurro es una pelusa, un producto de la propia imaginación hinchada del maligno. Es una mentira, pero podemos creer que es verdad. Y aunque siempre será una mentira, al creer que es verdad, le damos a la mentira un punto de apoyo en la realidad. Cuando creemos que el "yo no soy" es la verdad, le damos un lugar en el tiempo y el espacio, un lugar en nuestra vida y en la vida de los demás. Sin saber necesariamente lo que estamos haciendo, le damos un lugar a la mentira en nuestro pensamiento, nos abrimos a su influencia y nuestro entendimiento se oscurece. Se forma una brecha, una fatal incongruencia entre lo que somos en nuestra unión con Cristo —aceptados, amados e incluidos— y lo que *creemos* ser.

Cuando creemos la mentira del maligno "Yo no soy" (que es, en esencia, su propia confesión sobre sí mismo susurrada), un roux letal[64] de inseguridad y ansiedad y miedo comienza a hervir a fuego lento en nuestras almas. Y este roux letal impregna de inmediato toda nuestra vida. Da sabor a la forma en que nos vemos a nosotros mismos y todo lo que nos rodea. Da forma a nuestra perspectiva. ¿Qué sucede, por ejemplo, cuando creemos que no somos aceptables, que no somos lo suficientemente buenos, que no somos especiales, que no estamos incluidos, que no somos hermosos? Es imposible creer en tal "nulidad" y permanecer tranquilo, seguro, a salvo. Creer que no estamos

---

64 "Roux" es un término culinario francés para el agente espesante, hecho de mantequilla y harina, que se usa en las salsas. En la cocina cajún y criolla, la idea de "el roux" ha evolucionado para incluir la mezcla de cualquier cantidad de aceites y grasas con mantequilla y harina, cebollas y ajo, apio y pimiento, para producir un rico sabor base que impregnará la plato entero "Nada en el país cajún tiene un aroma más grande que un roux marrón claro cocido a fuego lento con cebolla, apio, pimiento y ajo" (John D. Folse, *La evolución del Cajún y de la Cocina Criolla*, Donaldson, Luisiana, 1990, pág. 16). Estoy usando "roux" en su sentido cajún desarrollado, como el sabor básico que impregna todo.

incluidos significa creer que estamos fuera del círculo, excluidos de la gloria y del sentido, excluidos de la vida, tanto en el sentido de la vida como existencia misma como en el sentido de la vida como el hecho de estar vivos, llenos de animación, pasión y alegría ¿Cómo podríamos creer tales cosas y permanecer en paz?

Creer que no estamos incluidos infunde miedo en el centro de nuestro ser. Despierta la más profunda inseguridad y ansiedad dentro de nosotros. Nos transforma en el niño perdido en Nueva Orleans. Cuando tienes hambre, vas al refrigerador y buscas algo para comer. Cuando estás enfermo, vas al médico. ¿Qué haces cuando tu alma duele y está plagada de inseguridad, ansiedad y miedo? Intentas arreglarlo. Ya sea que sientas o no el dolor, tu alma está consumida por encontrar una solución. Así que encuentras un tranvía y te subes, esperando, solo esperando, que verás algo o encontrarás a alguien que pueda hablar con seguridad. Recurres a tu esposo, esposa, amigos o trabajo para solucionar el problema. Creas una vida legendaria y te propones vivirla. O estableces un conjunto legendario de reglas mediante las cuales buscas demostrarle a tu propia alma que estás bien, justificándote contra tu conocimiento más profundo. O pasas tu tiempo tratando de negar que haya un problema en absoluto. Ves lo que pasa.

La mentira, y nuestra fe en ella, despierta el roux letal, y entramos en el día, en nuestras relaciones con nuestras esposas, esposos o hijos, en el lugar de trabajo, en el campo de golf, en el centro comercial o en la iglesia, con un alma sangrando de ansiedad, miedo e inseguridad, consumida consigo misma y su dolor, desesperada por una solución, absolutamente impulsada a encontrar algo o alguien que pueda darle seguridad. Lo más extraño de todo es el hecho de que la mayoría de nosotros ni siquiera sabemos que estamos sufriendo, y mucho menos que nos hemos convertido en aspiradoras humanas en nuestra necesidad.

El susurro, y nuestra fe en él, es la raíz del grotesco árbol de la lujuria y la codicia, la envidia, el chisme y la calumnia, la ira, la depresión y el cinismo. ¿Ves cómo funciona eso? Creer que "no somos" despierta el roux letal, y que el miedo, la inseguridad y la ansiedad nos impulsan a creer en algo que se ocupe del dolor. Y el maligno está allí con sus sugerencias en cuanto a la solución. Cualquier cosa que decidamos que nos ayudará se convierte en algo por lo que comenzamos a codiciar. Nuestra pasión por la danza se traduce en un anhelo insaciable por este supuesto salvador. ¿Y qué sucede cuando no podemos llegar a nuestro salvador, o cuando alguien más lo hace antes que nosotros, o lo hacemos nosotros por fin, y realmente no se ocupa de nuestro dolor? ¿Qué sucede cuando nuestras leyendas resultan falsas ya sea como resultado de una experiencia personal o porque alguien expone su falsedad? Antes de que sepamos lo que está pasando, hemos pasado 10 o 15 o 20 años pasando de una cosa a la siguiente, pasando de un salvador a otro, o pretendiendo desesperadamente que nuestra leyenda particular es de hecho la verdad, y protegiéndola con venganza. Todo esto crea una contradicción cada vez mayor entre nuestro verdadero ser en unión con el Dios Triuno y la vida que estamos viviendo. Tal incongruencia genera el dolor y la miseria y el vacío del infierno dentro de nosotros, ya que es una violación, no de alguna teoría de Platón o Kant, sino de nuestro propio ser.

## La Fe y el Roux de la Danza

Pero descubrir la verdad en Jesucristo, llegar a conocerlo como Señor y Salvador del género humano, verlo a la diestra del Padre y vernos acogidos en él, abrazados por Dios Padre todopoderoso, incluidos en la círculo de la vida, es tener nuestro pensamiento al revés, fundamentalmente reordenado en armonía con la verdad. El Nuevo Testamento llama a ese realineamiento radical, a esa renovación de nuestras mentes, "arrepentimiento" (*metanoia*). Es un cambio profundo de ver, de entender y de pensar: la curación de la Glomitis. ¿Qué nos hace tal conversión de nuestro pensamiento? ¿Qué pasa con el roux letal cuando vemos a Jesucristo en su verdadera gloria y nos vemos a nosotros mismos no por fuera, sino por dentro; no excluidos, sino cálida y generosamente abrazados, sentados con Jesús a la diestra del Padre—y creemos que es la verdad? ¿Qué sucede con la ansiedad, la inseguridad y el miedo que se filtran en nuestras almas? ¿Y qué pasa con las leyendas y los rituales extraños que han surgido de nuestra ceguera y la intoxicación por el letal roux?

Descubrir la verdad acerca de Jesucristo y la verdad acerca de nosotros mismos en él, y creerla como la verdad, es tener un roux diferente en nuestras almas. No uno de miedo y ansiedad, sino uno de esperanza, paz y seguridad. Este es el roux del gran baile. Entramos en el día, en nuestras relaciones con nuestras esposas, esposos o hijos, en el lugar de trabajo o en el campo de golf, en el centro comercial o en la iglesia con almas llenas de esperanza, vivificados con seguridad, certeza y confianza, y por lo tanto no como aspiradoras humanas, sino como fuentes que rebosan, como ríos de agua viva, como lo describió Jesús,[65] que dan en lugar de tomar, refrescan en lugar de sofocar. ¿Y qué sucede en la mezcla de tal refresco? ¿Qué sucede cuando somos libres de nuestro egocentrismo, libres de fijarnos en los demás y de preocuparnos

---

65 Véase Juan 7:38

genuinamente por ellos, libres de escuchar y no imponerles nuestras propias agendas, nuestras leyendas? ¿Qué sucede cuando nos liberamos de la necesidad de escondernos y, por lo tanto, somos libres de conocer y ser conocidos? ¿Qué sucede cuando el árbol grotesco comienza a cambiar y da un fruto diferente, no la lujuria, la avaricia y la envidia, sino el amor, el gozo, la paz, la paciencia, la bondad y la benignidad?

Está claro por qué el Nuevo Testamento siempre habla de fe y arrepentimiento. Dado lo que Jesucristo ha realizado, dado lo que ha hecho por, con y para la raza humana, dado que nos ha conectado con la vida Trina, ahora todo depende de lo que creemos. Persistir en creer en la mentira de que estamos separados de Dios y, por lo tanto, que "no somos", es vivir con el roux letal y su enfermedad y ser conducido al egocentrismo y la manipulación, la ocultación y la soledad. Creer la mentira es vivir en el desgarro entre saber que tenemos un hogar, pero nunca encontrarlo; es vivir en el tranvía. Pero llegar a creer en Jesucristo, verlo tal como es y vernos incluidos en él, es entrar en razón. Es curar la lágrima y, con esa curación, experimentar resolución y paz, esperanza y seguridad.

Hace varios años estaba almorzando con un grupo de hombres cuando alguien contó el inevitable chiste sobre un genio y tres deseos. Lo mejor que puedo recordar, la broma fue en realidad divertida, porque la risa estalló con tal intensidad que todos los demás en el restaurante se volvieron y miraron nuestra mesa. Cuando las cosas se calmaron, alguien convirtió la broma en un momento de seria reflexión.

"¿Y si *tuviéramos* tres deseos?" Preguntó. Esa pregunta abrió una larga discusión sobre lo que realmente nos importa, en medio de la cual alguien redujo los tres deseos a uno. "¿Y si tuviéramos un solo deseo, cuál sería?" Me fui a dormir esa noche pensando en esa pregunta y las respuestas que habíamos dado, tanto las graciosas como las serias. Me ayudó a quitar las capas y llegar al corazón de las cosas. A la mañana siguiente había llegado a una conclusión. Mi deseo no sería el dinero o la oportunidad, ni siquiera la salud o el amor, por importante que sea cada uno de ellos. Si tuviera un solo deseo, sería tener seguridad. ¿Por qué seguridad? Porque la seguridad es el vínculo crítico entre nuestra inclusión en el círculo de compañerismo compartido por el Padre, el Hijo y el Espíritu y su liberación en nuestras vidas. Podemos poseer todas las cosas; podemos tener millones de dólares en el banco y gozar de perfecta salud; incluso podemos ser profundamente amados y rodeados de grandes amigos y, sin embargo, estar tan atados por dentro, tan asustados, tan plagados de inseguridad, que no podemos disfrutar nada de eso. "¿De qué le sirve al hombre", preguntó Jesús, "si gana el mundo entero, pero pierde su propia alma?"[66] La misma pregunta se aplica a las familias y las naciones. La famosa tríada de Pablo: fe, esperanza y amor[67] —lejos de ser un poco de religión sentimental, en realidad desvela el camino de la gran danza. Porque la fe en Jesucristo produce esperanza en nuestras almas afligidas y ansiosas.

Y "esperanza" en la Biblia nunca significa un sueño, ya que un niño sueña o espera llegar a las grandes ligas cuando crezca. Esperanza significa seguridad, confianza profunda y permanente de que las cosas estarán bien. Tal esperanza y seguridad socavan nuestra ansiedad e inseguridad e inmediatamente provocan

---

66 Véase Mateo 16:26
67 Véase 1 Corintios 13:95

cambios reales. El puro alivio que invadió mi corazón cuando escuché a mi papá gritar mi nombre en las calles de Nueva Orleans es un buen ejemplo. Esa es una imagen de lo que la fe en Jesucristo produce dentro de nosotros. Creer en Jesucristo es escuchar al Padre mismo llamar nuestro nombre, y experimentar el alivio y la vida de esa escucha.

Creer en Jesucristo produce seguridad en lo más profundo de nuestro ser, y la seguridad nos cambia. Para empezar, la seguridad cambia nuestra perspectiva. La ansiedad hace que el más hermoso de los días parezca gris y lleno de tristeza; la seguridad nos da ojos para verlo en su gloria, porque calma nuestro interior el tiempo suficiente para que podamos notar la belleza. En otro nivel, la seguridad lucha contra nuestra inseguridad y, al hacerlo, nos libera de la presión de "llegar a ser". Este alivio, a su vez, roba el atractivo y el poder de nuestras leyendas y establece una nueva libertad en nosotros para dejarlas ir, para morir a nuestro yo legendario.

En otro nivel, la seguridad actúa en contra de nuestra preocupación por nosotros mismos, ya que el egocentrismo nace del miedo. Trabajando en todos estos frentes, la seguridad funciona como una puerta que abre el camino para que el cuidado, el amor y la comunión del Padre, el Hijo y el Espíritu salgan de nuestros corazones hacia los demás. Así como la fe en la mentira produce miedo, y el miedo nos vuelve egocéntricos, y el egocentrismo corta la danza, así la fe en Jesucristo produce esperanza, y la esperanza nos libera de nosotros mismos para fijarnos en los demás, para cuidarlos y entregarnos en su beneficio, al amor.

En tal observación, cuidado y amor, nace el compañerismo, y en el compañerismo la gran danza se realiza en una plenitud cada vez mayor. Desde un ángulo, la seguridad es la clave para que la vida del Padre, el Hijo y el Espíritu alcance su plena expresión en nuestras vidas y relaciones. Porque la seguridad nos permite salir de nosotros mismos en amor abnegado y generoso. Estamos incluidos en la comunión y la vida del Dios Triuno, y nuestra participación en esa comunión y vida florece a medida que la seguridad crece en nuestras almas. Sólo la seguridad nos da la libertad de notar, de escuchar y oír, de saber y ser conocidos. Pero debajo de la seguridad está la fe en Jesucristo. La seguridad no es algo que podamos fabricar. Es el fruto de la fe en Cristo. Sólo cuando nos creemos envueltos en él y en su relación con el Padre, se arraiga en nosotros la seguridad real, con todo su poder liberador. Pero a pesar de lo crítica que es la seguridad, no es el punto principal. La fe tampoco. Son servidores de una causa superior. No son el premio, sino los medios para alcanzarlo. El premio es experimentar juntos la gran danza en toda su plenitud y gloria. Eso sucede cuando morimos a nuestro yo legendario y damos un paso adelante en libertad para darnos por amor a los demás. Porque el amor abnegado está en el corazón de la gran danza de la vida compartida por el Padre, el Hijo y el Espíritu, y ciertamente en el corazón de su liberación en nuestras vidas y relaciones.

## El Riesgo de Dios y la Pasión del Espíritu

El riesgo que corre el Dios Triuno al darnos un "lugar real" en el círculo de la vida es la posibilidad de que sigamos viviendo desde nuestro entendimiento entenebrecido. El riesgo es la posibilidad de que sigamos eligiendo libremente, a través de nuestra confusión, abrazar nuestras leyendas y rituales bizarros, incluso los religiosos, y así lanzarnos a la contradicción, al desgarro y su inimaginable tristeza y miseria, indefinidamente.[68] Perdidos no se define en términos de si pertenecemos o no a la Trinidad, porque eso ha sido establecido de una vez por todas en Jesucristo. No puedes perderte si no tienes hogar. Pertenecemos al Padre, al Hijo y al Espíritu. Estar perdido, por lo tanto, no es ser cortado del círculo o excomulgado, porque ahora eso es imposible. No hay poder en el cielo ni en la tierra que pueda deshacer la unión forjada en Jesucristo.

Mientras el Hijo *encarnado* se sienta a la diestra del Padre, estamos incluidos. Porque él no es un mero hombre. Él es *el hombre*, aquel en quien está ligada toda la raza humana. Por lo tanto, perdido no se define en términos espaciales como estar cortado o separado de Dios, sino en términos relacionales, como un asunto de si sabemos o no que estamos unidos, y un asunto de lo que nos hace la falta de ese conocimiento. Perderse es estar confundido acerca de nuestra identidad en unión con el Padre, el Hijo y el Espíritu, tan confundido que nos damos libremente a inventar y "creer" y perseguir una identidad legendaria, y así sufrir la contradicción de nuestro ser en unión con el Padre, el Hijo y el Espíritu y unos con otros. El riesgo que corre el Dios Triuno es la posibilidad de que en nuestra distinción real elijamos existir en tal violación para siempre.

Hace más de 1600 años, San Atanasio escribió sobre el dilema divino cuando Adán cayó y la creación de Dios comenzó a caer en la inexistencia.[69] En tal situación, la pregunta era: "¿Qué iba

---

68 Véase C. S. Lewis, *El Gran Divorcio* (New York, Collier Books: Macmillan Publishing Company, 1946). 96
69 Véase Atanasio, "Sobre la Encarnación del Verbo" §6 en *San Atanasio: Obras y Letras Selectas, Vol. IV de los Padres Nicenos y Post Nicenos de la Iglesia Cristiana,* segunda serie, editada por Philip Schaff y Henry Wace (Grand Rapids: Eerdmans Publishing Company, reimpresión 1987).97

a hacer Dios cuando Su creación estaba en camino a la ruina total?" Para Atanasio, la única respuesta posible era la redención. Porque Dios amó a Su creación. Por lo tanto, envió a Su hijo para apoderarse de la creación y devolverla al círculo de la vida. Ese dilema fue resuelto en la muerte, resurrección y ascensión del Hijo de Dios encarnado. Porque él se apoderó del género humano, y en su vida, muerte, resurrección y ascensión nos derribó y limpió de toda alienación, nos hizo nacer de nuevo y nos elevó al círculo de la Trinidad. Pero al hacerlo, ha surgido un nuevo dilema divino. Porque al darnos a "nosotros" un "lugar real" en el círculo de la vida, se establece la posibilidad de que creamos erróneamente y, por lo tanto, de que vivamos en el desgarro, la contradicción y la angustia de la confusión.

Que Dios cruce el límite de nuestra distinción y tome nuestras decisiones por nosotros, que crea por nosotros, no es una respuesta, porque eso sería nuestra ruina. Significaría el final de nuestras distintas mentes, corazones y voluntades, y por lo tanto el final de "nuestra" experiencia de la gran danza. Entonces, ¿qué debe hacer Dios? ¿Hay un doble riesgo aquí? ¿El Padre, el Hijo y el Espíritu, en su amor extravagante y generoso, han arriesgado su propio gozo por la posibilidad del nuestro?

¿Podemos estar tan unidos con la Trinidad que violar nuestra unión cree en nosotros un dolor indescriptible y, sin embargo, no tan unidos como para que nuestro dolor toque el corazón de Dios? Si estamos hechos para Dios, como dijo Agustín, que estamos inquietos hasta que encontremos nuestro descanso en Él,[70] ¿No está Dios tan hecho para nosotros en Jesucristo, que Él también

---

70 "Tú nos has hecho para Ti y nuestro corazón está inquieto hasta que descanse en Ti" (*Las Confesiones de San Agustín*, traducido por F. J. Sheed [Londres: Sheed and Ward, novena impresión, 1978], Libro I.i).98

está inquieto hasta que encontremos nuestro camino a casa?

El hecho de que Dios esté preparado para correr tal riesgo nos dice mucho acerca de la confianza que el Padre, el Hijo y el Espíritu tienen en la pura bondad de su vida compartida, y en el último atractivo y poder de nuestro lugar real en ella. La baraja está apilada a favor de Dios y el nuestro. Porque no se trata de que elijamos entre dos opciones iguales. Estamos unidos con el Padre, el Hijo y el Espíritu, no con el mal. La vida trinitaria es nuestra casa, nuestra familia, nuestro todo. Estamos cableados para la gran danza y anhelamos su plenitud con la pasión del universo. No anhelamos el mal ni la oscuridad. Si bien estamos ciertamente confundidos y atrapados en un entendimiento intrincado, y mientras llevamos las lágrimas de tal pensamiento erróneo e incongruencia, nuestra pasión es por la vida, no por la muerte; la gran danza, no la miseria.

El profundo conocimiento de que estamos hechos para la gloria es suficiente para aguijonearnos en el camino, dado el tiempo y la experiencia.

Porque saber que pertenecemos a la gloria significa, por lo menos, que despreciamos el dolor y, por lo tanto, huimos de él.

Pero eso no significa necesariamente que corramos hacia la vida. Podríamos profundizar más en nuestras leyendas o inventar otras nuevas. Entonces, el Espíritu de nuestra adopción no solo nos habla a través de los límites de nuestra distinción y nos da testimonio de que somos hijos de Dios; también nos convence de nuestra creencia equivocada. Él está trabajando llevándonos de creer falsamente a creer correctamente, y eso significa guiarnos a la fe en Jesucristo y en la verdad acerca de nosotros en él.

Esta es la verdadera historia de nuestras vidas. Estamos unidos con Dios, pero maravillosamente distintos, y en nuestra distinción de Dios estamos confundidos acerca de quiénes somos y somos impulsados a encontrar una solución. El Espíritu está obrando llevándonos a la verdad, pero no hay iluminaciones instantáneas. Es con nuestras mentes confundidas que estamos siendo guiados a conocer la verdad. No siempre es evidente lo que es verdad y lo que es error. El desierto no parecía ser el camino de liberación para los israelitas. Hubo momentos en que la esclavitud de Egipto parecía más soportable que el desierto, incluso más deseable. Pero al final, la esclavitud de la mentira es mucho más dolorosa que el viaje de la liberación.

El Espíritu es el maestro supremo. Él tiene la verdad, y lo que es más importante, sabe cuándo decirla. Él es fiel para darnos testimonio de que pertenecemos al Padre y al Hijo, y fiel para señalarnos nuestra equivocación. Su testimonio evalúa lo que estamos creyendo y haciendo. Es la papila gustativa suprema, la que nos dice que esto o aquello es amargo o dulce. Pero tenemos inversiones en nuestras leyendas, especialmente en las religiosas, y no queremos dejarlas ir. Entonces el Espíritu deja que el dolor y la amargura de nuestras leyendas nos muevan hasta el punto en que nuestros corazones, mentes y voluntades claman por luz. Como dice Lewis, "La experiencia es una maestra brutal, pero aprendes, ¡por Dios, aprendes!"[71] El Espíritu usa el tranvía para darnos oídos para oír y ojos para ver. Se necesita tiempo y experiencia.

Desde nuestro punto de vista, la vida se trata de encontrar el escurridizo santo grial. El conocimiento más profundo, compartido con nosotros en el Espíritu, nos persigue hasta el centro de nuestro ser y nos impulsa a encontrar y experimentar la vida que sabemos

---

71 C. S. Lewis, como se cita en la película, *Las Tierras Sombrías*.

que es nuestra. Nuestro anhelo es, de hecho, por la gran danza y su liberación en la totalidad de nuestra existencia humana, desde nuestros lagos de diseño y tierra en movimiento hasta la agricultura, la jardinería y el golf; desde nuestras relaciones mutuas en el matrimonio, la familia y la amistad, hasta la relación de las naciones de la tierra; desde nuestro pequeño rincón del mundo a toda la creación. Porque eso es lo que somos; todos estamos unidos en el círculo de la vida compartida por el Padre, el Hijo y el Espíritu, y esa vida apremia para realizarse en todos nosotros. Pero estamos tan confundidos que no tenemos una idea real de lo que estamos buscando, y mucho menos de cómo llegar allí. Es cierto, como dice Vladimir Lossky: "Entre la Trinidad y el infierno no hay otra opción",[72] pero ahí es exactamente donde estamos, en algún lugar entre la gran danza y su distorsión final. Vivimos entre la luz y la oscuridad, entre la creencia correcta y la incorrecta, entre el roux letal y el roux de la danza, mientras nuestras almas vagan desconsoladamente por la vida, dando vueltas a cada hoja de nuestro universo para encontrar una solución.

Desde el punto de vista del Padre, el Hijo y el Espíritu, la historia, tanto personal como colectiva, se trata de nuestra educación. Se trata de una larga caminata con nosotros en nuestra oscuridad, confusión y dolor, un interminable y paciente acto de amor abnegado, que soporta nuestro sufrimiento en su determinación de traernos a nuestras mentes sanas. Porque detrás de nuestra existencia y la del universo está la decisión original del Padre, del Hijo y del Espíritu de compartir lo que tienen con nosotros, y con esa decisión la determinación inquebrantable e incansable de que

---

72 Vladimir Lossky, *La teología mística de la iglesia oriental* (New York: St. Vladimir's University Press, 1998), pág. 66.

así será. En pura gracia hemos sido incluidos en la familia divina en y a través de Jesucristo. Desde el momento de esa inclusión a través del resto de la historia, todos los recursos divinos están dedicados a nuestra iluminación.

Nuestro problema no es la falta de deseo por la vida, sino una profunda confusión sobre cómo vivirla. "Nuestros corazones son buenos. Son nuestras mentes y nuestros pies los que no saben qué camino tomar".[73] Hemos sido engañados sobre Dios, sobre el Padre, el Hijo y el Espíritu, y sobre quiénes somos en Jesucristo. Tan engañados que en nuestra búsqueda de vida, de relaciones reales, de comunidad, de plenitud y de gozo, miramos más allá de Jesucristo como algo irrelevante. Frente a tal confusión, y en, con y a través de ella y sus estragos, el Espíritu nos está educando, sufriendo con nosotros mientras paciente y cuidadosamente nos lleva a la verdad tal como es en el Jesús *real*.

No estamos abandonados. Dios está con nosotros, haciéndonos partícipes del círculo de la vida y soportando el dolor de nuestras tinieblas para iluminarnos. Este es uno de esos momentos de nuestra historia en que sentimos el desgarro entre nuestra verdadera identidad en Cristo y la vida que estamos viviendo; uno de esos momentos en que nuestras leyendas, tanto religiosas como culturales, han seguido su curso y nos han dejado angustiados y tristes y desdichados, y estamos más alerta, escuchando con un oído más atento, clamando por respuestas. Y este es uno de esos momentos en los que la asombrosa filantropía del Dios Uno y Trino se revela de nuevo, y nos enfrentamos una vez más a la pregunta de Jesús: "¿Qué buscas?"[74]

---

73 Ronald Rolheiser, *El Santo Anhelo* (New York: Doubleday, 1999), pág. 40.
74 Véase Juan 1:38.

"Que el Dios de la esperanza os llene de todo gozo y paz en el creer, para que abundéis en esperanza por el poder del Espíritu Santo" (Romanos 15:13).

# Sugerencias para Lecturas Adicionales

Thomas Erskine, *La Gratuidad Incondicional del Evangelio.*: Waugh and Innes, 1829.

Atanasio, *Sobre la Encarnación de la Palabra de Dios.* Londres. R. Mowbray & Comp., reimpreso, 1963.

"Contra los Arrianos." *En San Atanasio: Obras y Letras Selectas*, Vol. IV de *Los Padres Nicenos y Post Nicenos de la Iglesia Cristiana*, segunda serie, editado por Philip Schaff y Henry Wace. Grand Rapids: Eerdmans Publishing Company, reimpreso 1987.

C. S. Lewis

"El Peso de Gloria." *En El Peso de Gloria y Otros Ensayos.* Grand Rapids: Eerdmans Publishing Company, 1965, págs. 1-15.

"Más allá de la personalidad: o Primeros Pasos en la Doctrina de la Trinidad". *En Mero Cristianismo.* New York: Collier Books, Macmillan Publishing Company, 1960, págs. 135-190.

*El Gran Divorcio.* New York: Collier Books, Macmillan Publishing Company, 1946.

*Hasta que Tengamos Caras.* New York: Un Libro de Harvest, Harcourt Brace Jovanovich, Publishers, 1980.

*Las Crónicas de Narnia.* New York: Collier Books, Macmillan Publishing Company, 1946.

*Sorprendido por el Gozo.* New York: Un Libro de Harvest, Harcourt Brace y Companía, 1984.

George MacDonald, *La Llave de Oro.* Grand Rapids: Eerdmans Publishing Company, reimpreso 1982.

*La Dama del Pescador*, editado por Michael R. Phillips. Minneapolis: Bethany House Publishers, 1982.

*El Secreto del Marqués*, editado por Michael R. Phillips. Minneapolis: Bethany House Publishers, 1982.

Michael R. Phillips, *George MacDonald: El amado narrador de Escocia.* Minneapolis: Bethany House Publishers, 1987.

T. F. Torrance, *La Meditación de Cristo.* Grand Rapids: Eerdmans Publishing Comp., 1983.

*Predicando a Cristo Hoy.* Grand Rapids: Wm. B. Eerdmans Publishing Co, 1994.

La Fe Trinitaria: La Teología Evangélica de la Iglesia Católica Antigua. Edinburgh: T & T Clark, 1988.

"La obediencia expiatoria de Cristo". Boletín del Seminario Teológico Moravo (1959) págs. 65-81.

"La resurrección y la persona de Cristo" y "La resurrección y la obra expiatoria de Cristo". En *Espacio, Tiempo y Resurrección.* Edimburgo: The Handsel Press, 1976, págs. 46-84.

"El eclipse de Dios" y "Gracia Cara y Barata." En *Dios y Racionalidad*. Londres: Oxford University Press, 1971, págs. 29-85.

"Karl Barth y La Heregía Latina." In *Karl Barth: Teología Bíblica y evangélica*. Edimburgo: T & T Clark, 1990, págs. 213-240.

J. B. Torrance, *Adoración, Comunidad y el Dios Triuno de la Gracia*. Downers Grove: IVP, 1996.

"Pacto o Contrato." Revista escocesa de Teología 23 #1 (Feb 1970).

"La Humanidad Vicaria de Cristo." In *La Encarnación: Estudios ecuménicos en el Credo Niceno-Constantinopolitano*, editado por T. F. Torrance, pág. 127-147. Edimburgo: The Handsel Press, 1981.

Kallistos Ware, "La Persona Humana como Ícono de la Trinidad." Sobernost, vol. 8 # (1986) págs. 6-23.

*La Manera Ortodoxa*. Londres: Mowbray, 1979.

Karl Barth, *Dogmática de la Iglesia*. Edimburgo: T & T Clark.

"El Milagro de la Navidad." En *Dogmática de la Iglesia* 1/2, págs. 172-202.

"El problema de una correcta doctrina de la elección de la gracia." En *Dogmática de la Iglesia* 2/2, págs. 3-93.

"Fe en el Dios Creador." En *Dogmática de la Iglesia* III/1, págs. 3-41.

"La Creación como Beneficio." En *Dogmática de la Iglesia* III/1, págs. 330-344.

"Dios con Nosotros." En *Dogmática de la Iglesia* IV/1, pp. 3-21.

"El Pacto como Presupuesto de Reconciliación." En *Dogmática de la Iglesia* IV/1, págs. 22-54.

"El Camino del hijo de Dios hacia el País Lejano." En *Dogmática de la Iglesia* IV/1, págs. 157-211.

"El Juez, Juzgado en nuestro Lugar." En *Dogmática de la Iglesia* IV/1, págs. 211-283.

"El Regreso a Casa del Hijo del Hombre." En *Dogmática de la Iglesia* IV/2, pp. 36-116.

"La Pereza y la Miseria del Hombre." En *Dogmática de la Iglesia* IV/2, págs. 378-483.

Herbert Hartwell, *La teología de Karl Barth: Una Introducción*. Londres: Gerald Duckworth & Company, 1964.

George Hunsinger, *Cómo Leer a Karl Barth*. New York: Oxford University Press, 1991.

Gary Dorrien, *La Revolución Bartiana de la Teología Moderna*. Louisville: Westminster John Knox Press, 2000.

John Webster, *La ética de la Reconciliación de Barth*. Cambridge: Cambridge University Press, 1995.

G. K. Chesterton, *El hombre Eterno*. San Francisco: Ignatius Press, 1993.

Colin Gunton, *El Uno, Los Tres y Los Muchos*. Cambridge: Cambridge University Press, 1993.

*El Creador Triuno*. Grand Rapids: Eerdmans Publishing Company, 1998.

Frederick Buechner, *Contando Secretos*. San Francisco: Harper, 1991.

Alister E. McGrath, *Iustitia Dei: Una Historia de la Doctrina Cristiana de la Justificación*. Cambridge: Cambridge University Press, segunda edición, 1998.

James E. Loder y W. Jim Neidhardt, *El Movimiento de los Caballeros: La Lógica Relacional del Espíritu en la Teología y la Ciencia*. Colorado Springs: Helmers & Howard, 1992.

Richard Tarnas, *La Pasión de la Mente Occidental* . New York: Ballantine Books, 1993.

Thomas Smail, *El Padre Olvidado*. Londres: Hodder y Stoughton, 1987.

*El Regalo que Regala*. Londres Hodder y Stoughton, 1988.

Trevor Hart, *El padre docente: una introducción a la teología de Thomas Erskine de Linlathen*. Edimburgo: St. Andrews Press, La Librería Devocional, 1993.

*Pensamiento de Fe*. Londres: SPCK 1995.

C. Baxter Kruger, *La Parábola del Dios que Danza*. Jackson, Mississippi: Perichoresis Press, 1995.

*Dios es para Nosotros*. Jackson, Mississippi: Perichoresis Press, 1995.

*El Hogar*. Jackson, Mississippi: Perichoresis Press, 1996.

*El secreto*. Jackson, Mississippi: Perichoresis Press, 1997.

Thomas G. Weinandy, A Semejanza de Carne de Pecado. Edimburgo: T & T Clark, 1993.

John McLeod Campbell, *La Naturaleza de la Expiación*. Reimpreso con Introducción de James B. Torrance. Grand Rapids: Wm. B. Eerdmans Publishing Company, 1996.

P. T. Forsyth, *El Trabajo de Cristo*. Londres: Hodder and Stoughton, reimpreso 1946.

Anselmo, *Cur Deus Homo*. Edimburgo: John Grant, 1909.

Gustaf Aulen, *Christus Victor*. Londres: SPCK, 1950.

Wendell Berry, *¿Para qué Sirven las Personas??* New York: North Point Press, 1990.

William C. Placher, *La Domesticación de la Trascendencia*. Louisville, Westminster: John Knox Press, 1996.

Michael J. Buckley, *En el origen del Ateísmo Moderno* . New Haven: Yale University Press, 1987.

Daniel Migliore, "El Dios Triuno" y "La Creación de Dios" en *La Fe buscanso entendimiento*. Grand Rapids: Eerdmans Publishing Company, 1991.

Richard of St. Victor, "Libro Tercero de la Trinidad" en *Richard of St. Victor*. New York: Paulist Press, 1979.

Michael Murphy, *Golf en el Reino*. New York: Penguin Books, 1992.

Mitch Albom, *Martes con Morrie*. New York: Doubleday, 1997.

A. M. Allchin, Participación en Dios: *Una Hebra Olvidada en la Tradición Anglicana*. Londres: Dartmon, Longman & Todd, 1988.

Douglas B. Farrow, "La Doctrina de la Ascensión en Ireneo y Orígenes". El Diario de la Facultad de Estudios Religiosos, McGill 26, (1998), págs. 31-50.

Hans Urs von Balthasar, "Nuestra Capacidad de Contemplación" en *Oración*. New York: Sheed & Ward. págs. 27-67.

Robert Farrar Capon, *El Misterio de Cristo y Por qué no lo Entendemos*. Grand Rapids: Eerdmans Publishing Company, 1993.

John Calvin, *Los Institutos de la Religión Cristiana*, editado por John T. McNeill y traducido por Ford Lewis Battles. Philadelphia: The Westminster Press.

Wilhelm Niesel, *La Teología de Calvino*. Londres: Luttwerworth Press, 1956.

Gerald Hawthorne, *La Presencia y el Poder*. Dallas: Word Publishing, 1991.

John V. Taylor, *El Dios Intermedio*. Londres: SCM Press, 1982.

James Houston, *En Busca de la Felicidad*. Colorado Springs: NavPress, 1996.

J. Keith Miller, *El Secreto de la Vida del Alma*. Nashville: Broadman and Holman Publishers, 1987.

Brent Curtis and John Eldredge, *El Sagrado Romance*. Nashville:Thomas Nelson Publishers, 1997